기도할 때
역전되리라

기도할 때
역전되리라

지은이 | 최원호
펴낸이 | 원성삼
표지 디자인 | 안은숙
펴낸곳 | 예영커뮤니케이션
초판 1쇄 발행 | 2025년 6월 28일
등록일 | 1992년 3월 1일 제2-1349호
주소 | 03128 서울시 종로구 대학로3길 29, 313호(한국교회100주년기념관)
전화 | (02) 766-8931
팩스 | (02) 766-8934
이메일 | jeyoung_shadow@naver.com
ISBN 979-11-89887-95-7 (03230)

본 저작물은 저작권법에 의하여 한국 내에서 보호를 받는 저작물이므로
무단 전재와 무단 복제를 금합니다.

값 16,000원

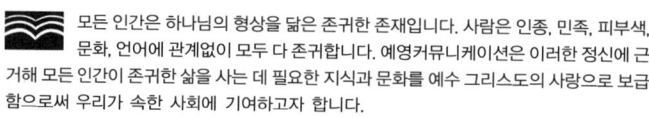 모든 인간은 하나님의 형상을 닮은 존귀한 존재입니다. 사람은 인종, 민족, 피부색, 문화, 언어에 관계없이 모두 다 존귀합니다. 예영커뮤니케이션은 이러한 정신에 근거해 모든 인간이 존귀한 삶을 사는 데 필요한 지식과 문화를 예수 그리스도의 사랑으로 보급함으로써 우리가 속한 사회에 기여하고자 합니다.

미래를 바꾸는 40일 기도 챌린지

미래의 나 Future Self를 깨우는 기도의 시간

[기도할 때 역사 되리라]

최원호 지음

Future
Self

예영

추천의 글

찬양의 선포가 기도가 되고, 기도가 책이 되다

저는 '시와그림'이라는 이름으로 찬양 사역을 감당하고 있습니다. 하나님께서는 기도 가운데 많은 찬양의 가사와 멜로디를 주셨고, 그렇게 주신 찬양으로 현장에서 찬양할 때 치유가 일어나고, 악한 영이 떠나가는 기적과 이적을 체험하고, 삶의 변화가 일어나고, 상처받은 마음이 위로를 얻고, 무너졌던 예배가 회복되는 것을 수없이 보아왔습니다. 또한 방송이나 매체를 통해 '시와그림'의 찬양이 들릴 때마다 죽음에서 생명으로, 아픔에서 기쁨으로 회복되는 놀라운 간증들을 많이 전해 들었습니다. 그 수많은 간증 중에 저희 찬양의 제목이 책 제목이 되어 돌아온 경우는 이번이 처음 있는 일이었습니다.

『기도할 때 역전되리라』는 이 책의 제목을 처음 들었을 때, '역전'이라는 단어에서 굉장한 친근감을 느낄 수 있었는데 알고 보니, 최원호 목사님께서 '시와그림'의 찬양 중에 〈이제 역전되리라〉라는 찬양을 들으시고 하나님께서 주신 은혜를 따라 아침저녁으로 따라 부르며 눈물로 기도하시는 가운데 하나님으로부터 받은 감동으로 쓴 책이 바로 이 책이라는 사실을 전해 듣게 되었습니다. 먼저는, 저희 찬양을 사용하신 하나님께 영광이고, 하나님께서 주신 영감을 통해 책을 쓰시고 제목을 정하신 최원호 목사님께도 너무나 감동이며 감사한 마음을 전합니다.

최원호 목사님은 흔치 않은 이력을 가진 분입니다. 오랫동안 대학교수로, 심리학 박사로, 상담심리 전문가로, 그리고 베스트셀러 저자로 많은 사람의 마음을 돌보고 위로하는 길을 걸어오셨는데, 인생의 후반부에 들어선 어느 날, 모든 것을 내려놓으시고 목회의 부르심을 받으셨습니다. 그 부르심 앞에 순종하셔서 코로나의 한복판에서 개척교회를 세우셨고, 그때부터 목사님의 삶은 '기도'라는 완전히 새로운 지형을 지나게 되면서 엎드려 기도하는 시간을 최대한 많이 갖게 되셨다고 합니다.

365일 작정 기도, 100일 기도, 40일 새벽 기도, 21일 기도 등, 말 그대로 '기도의 삶' 속에 들어가셔서 하나님의 손길과 임재를 절절히 경험했다고 고백하고 계십니다. 그 과정 중에서 '시와그림'의 찬양 〈이제 역전되리라〉를 날마다 부르며 '그래, 기도할 때 역전되리라'는 강력한 확신을 갖게 되셨다고 합니다. 그렇게 탄생한 책이 바로 이 책입니다.

이 책은 단순한 기도문을 나열한 묵상집이나 따라 읽는 기도문이 아닙니다. 심리학적 통찰과 신학적 기초 위에 세워진 실제적인 기도 원리를 담고 있으며, 초신자로부터 중직자에 이르기까지 모든 성도님들이 기도의 자리로 나아갈 수 있도록 깊이 있게 안내하는 책입니다. 기도가 막힌 시대에, 이 책은 닫힌 하늘의 문을 여는 열쇠가 되고 하나님의 기적을 체험하는 출발점이 될 것입니다.

이 책 제목에 영감을 준 〈이제 역전되리라〉라는 찬양은 갈멜산에서의 엘리야 선지자가 겪었던 영적 전쟁을 배경으로 하고 있습니다. 바알 선지자와의 대결에서 누가 진짜 신인지 한판 대결을 펼칠 때, 하나님께서는 엘리야의 기도를 통해 불을 내리심으로 제단을 태우셔서 승리하게 하십니다. 그리고 일곱 번의 기도를 통해 비가 내리는 역전을 보여 주셨습니다. 여기서 중요한 것은 엘리야가 갈멜산에 있었던 '무너진' 제단을 '다시 수축'하고 기도했을 때 불이 떨어지는 기적이 일어났다는 사실입니다. 우리의 삶에도 '무너진' 예배를 회복할 때, 기도에 응답이 있고 기적과 같은 하나님의 일하심을 볼 수 있다는 것입니다.

마찬가지로 이 책은 마치 '제단을 수축'하듯이 가장 기본적인 기도에 관한 질문들을 통해 기도에 관한 관점을 바로 세워줌으로 하나님의 응답을 향해 40일을 기도로 달려가게 만드는 책입니다.

"기도는 어떻게 해야 하는가?"
"기도에도 원리가 있는가?"
"응답받는 기도와 그렇지 않은 기도의 차이는 무엇인가?"

이와 같은 실제적인 질문들에 대해, 이 책은 명확하고도 성경적인 해답을 줍니다. 수필이나 소설과 같이 내용을 쭉 나열하는 서술체의 책이 아니라 질문에 대해서 간단하면서도 깔끔하게, 기억하기 쉽도록 정리되어 있는 책으로 40일 동안 더 깊이 기도하기를 원하는 분들이나, 교회 성경 공부, 혹은 소그룹 모임에서도 교제로 사용하기에 아주 훌륭한 책입니다. 개인적으로 많은 성도님들과 리더분들이 꼭 이 책을 소장하셔서 필요할 때 언제나 꺼내 펼쳐 보며 깊은 기도의 자리로 나아가는 경험을 하셨으면 하는 바람입니다.

기도는 교리가 아니라 삶입니다. 기도는 수식이 아니라 전쟁입니다. 이 책은 그렇게 기도에 대해 말만 하는 책이 아니라 기도를 실제로 살아낸 사람만이 쓸 수 있는 간증의 책이요, 실전의 책이며 능력의 책입니다.

혹시 현재 절망 가운데 계신 분이 있으신가요? 기도는 하고 있지만 변화가 없다고 느끼시는 분이 있으신가요? 이 책을 펼쳐 보시기를 추천해 드립니다. 그리고 '시와그림'의 찬양 〈이제 역전되리라〉를 조용히 불러 보십시오. 그러면 최원호 목사님께서 경험하신 것처럼 믿음이 일어나고, 마음이 움직이며, 하나님께서 여러분을 어떻게 사용하실지, 삶의 문제를 어떻게 역전시키실지를 기대하게 될 것입니다.

저는 이 책이 누군가의 인생을 뒤집어 놓을 전환점이 될 것이며, 누군가의 미래를 바꾸어 놓게 될 시작점이 될 것이라고 믿습니다. 왜냐하면 이 책은 기도의 자리에서 탄생한 진짜 책이기 때문입니다.

최원호 목사님의 글을 읽고 나면 기도하고 싶어지고, 찬양하고 싶어지며, 다시 하나님 앞에 무릎 꿇고 기도하고 싶은 감동이 밀려올 것입니다. 그래서 저는 이렇게 선포하고 싶습니다.

"이 책은 단순한 기도서가 아니라,
무너진 기도의 자리를 회복시키시는 하나님의 도구다!"

김정석 목사
CCM '시와그림' 찬양 사역자

차례

추천의 글 | 찬양의 선포가 기도가 되고, 기도가 책이 되다   4
프롤로그 | 기도는 미래의 나를 깨우는 시간이다   11

Part 1   **나를 붙잡는 영적 위협**
기도하지 않으면 미래는 오지 않는다 (Day 1~Day 8)

Day 1.   기도로 인생의 문을 열다   15
Day 2.   두려움을 끊고 아버지께 나아가다   21
Day 3.   예수님의 기도 길을 따라가다   28
Day 4.   무릎 꿇는 자만이 승리한다   32
Day 5.   예수님의 이름으로 변화가 시작된다   37
Day 6.   기도는 반드시 응답된다   42
Day 7.   찬양 없는 삶에 역전은 없다   46
Day 8.   기도의 거장들에게서 배운다   51

Part 2   **기도가 말해주는 미래의 나**
내 안의 부르심과 가능성을 회복하라 (Day 9~Day 17)

Day 9.   전쟁터에 선 기도의 전사가 되다   57
Day 10.   미혹을 꿰뚫고 진리로 나아가다   62
Day 11.   하나님의 뜻을 구하는 전환점   68
Day 12.   중보기도로 누군가의 미래를 바꾸다   73

Day 13.   가정과 공동체를 회복하는 기도   78
Day 14.   금식기도로 돌파하라   83
Day 15.   기다림의 고통을 이겨내는 기도   88
Day 16.   하나님의 응답을 경험하다   93
Day 17.   침묵의 깊이로 하나님께 서다   98

Part 3   성령의 인도 속으로
깊은 기도로 미래를 향해 나아가라 (Day 18~Day 27)

Day 18.   성령의 길을 따라 걷다   105
Day 19.   방언의 신비를 경험하다   109
Day 20.   영적 장애물을 제거하다   115
Day 21.   고난 속에서 하나님의 음성을 듣다   119
Day 22.   하나님, 이번엔 정말 약속합니다   125
Day 23.   영적 비늘을 벗고 새 눈을 뜨다   131
Day 24.   막힌 기도의 이유를 발견하다   136
Day 25.   안수기도로 권세 아래 서다   143
Day 26.   용서로 기도의 길을 열다   147
Day 27.   예수님의 피로 저주를 끊다   152

Part 4   비전과 소명으로 다시 서는 시간
하나님이 준비하신 나로 다시 일어서라 (Day 28~Day 31)

Day 28.   기도로 미래를 디자인하다   159
Day 29.   과거를 끊고 미래로 나아가다   163

Day 30. 비전과 소명을 깨우다　169
Day 31. 기도로 나의 정체성을 다시 세우다　175

| Part 5 | **이제는 살아내야 할 때**
기도가 삶이 되는 자리로 (Day 32~Day 37) |

Day 32. 행동하는 기도의 힘을 회복하다　181
Day 33. 무너진 나를 붙들고 영적으로 다시 서다　186
Day 34. 기도의 열매로 간증하다　193
Day 35. 일터에서 기도로 버텨내다　198
Day 36. 귀신을 내쫓고 권세를 회복하다　203
Day 37. 떠난 이의 빈자리에 드리는 기도: 장례예배 기도　211

| Part 6 | **기도로 세상을 뒤집다**
역전의 증거로 서는 마지막 순간 (Day 38~Day 40) |

Day 38. 기도의 거장들처럼 살아가다　221
Day 39. 평범한 사람들의 기도로 세상을 뒤집다　226
Day 40. 이제, 당신의 역전이 시작된다　231

프롤로그

기도는 미래의 나를 깨우는 시간이다

기도가 아니었다면, 내 인생은 어디까지 왔을까.

어린 시절, 삶의 길이 보이지 않던 순간마다 나는 기도의 자리로 나아갔다.
그때마다 하나님은 길을 열어주셨다.

고등학교 시절, 여의도순복음교회 고등부에서 처음 예수님을 만났을 때
나는 기도의 사람이 되기로 결심했다.
그날 이후에 기도는 내 인생의 중심이 되었고,
힘들고 어려운 때마다 오산리 기도원으로 달려갔다.

밤을 새워 철야했고, 때로는 금식하며 울부짖기도 했다.
그리고 매번 경험했다.
기도는 움직이지 않는 벽을 깨뜨리고
무너진 삶을 다시 세우는 역전의 힘이라는 것을.

기도하지 않으면 아무것도 바뀌지 않는다.
그러나 기도하면 반드시 역전의 순간이 온다.

기도는 단순히 소원을 비는 행위가 아니라
하나님이 준비하신 '미래의 나'를 깨우는 시간이다.
우리는 흔히 과거의 실패에 묶여 오늘을 살아간다.
하지만 하나님은 말씀하신다.

"여호와의 말씀이니라
너희를 향한 나의 생각을 내가 아나니 평안이요 재앙이 아니니라
너희에게 미래와 희망을 주는 것이니라"(예레미야 29:11)

이 책은 여러분을 그 하나님의 계획으로 이끄는 40일 기도의 여정이다.
기도는 나의 과거를 정리하는 것이 아니라 하나님의 미래로 걸어가는 힘이다.

나는 기도를 통해 깨달았다.
하나님이 준비하신 Future Self,
곧 '미래의 나'는 지금의 나와 전혀 다른 모습이라는 것을.
기도할 때 우리는 하나님이 보시는 '미래의 나'를 만나게 된다.
그 사람은 절망에 주저앉은 내가 아니라
하나님의 계획 속에서 사명을 감당하고 세상을 변화시키는 사람이다.

이 책은 여러분을 그 기도의 자리로 초대한다.
지금부터 40일 동안,
우리는 함께 기도하며 내 안에 잠든 '미래의 나'를 깨울 것이다.

그리고 40일의 여정을 마치는 날, 여러분도 분명히 고백하게 될 것이다.
"기도할 때, 내 인생은 역전되었다."

Part 1

나를 붙잡는 영적 위협

기도하지 않으면 미래는 오지 않는다

— Day 1 ~ Day 8 —

기도하지 않으면 미래는 오지 않는다.
인생을 가로막고 있는 영적 위협과 현실의 두려움은
기도로만 넘어설 수 있다.
기도가 멈추면 삶도 멈추는 법이다.
이 여정은 기도로 인생의 문을 열고
두려움을 끊고, 믿음으로 다시 서는 시간이다.

| 미래를 바꾸는 40일 기도 챌린지 |

Day 1. 기도로 인생의 문을 열다
Day 2. 두려움을 끊고 아버지께 나아가다
Day 3. 예수님의 기도 길을 따라가다
Day 4. 무릎 꿇는 자만이 승리한다
Day 5. 예수님의 이름으로 변화가 시작된다
Day 6. 기도는 반드시 응답된다
Day 7. 찬양 없는 삶에 역전은 없다
Day 8. 기도의 거장들에게서 배운다

Day 1
기도로 인생의 문을 열다

1. 기도는 왜 중요한가?

"내가 천국 열쇠를 네게 주리니 네가 땅에서 무엇이든지 매면 하늘에서도 매일 것이요 네가 땅에서 무엇이든지 풀면 하늘에서도 풀리리라"(마태복음 16:19)

기도는 다친 문을 여는 열쇠이며 인생의 막힌 길을 뚫는 강력한 능력이다.
우리의 인생에서 어떤 문이 닫혀 있을 때 기도는 하나님의 때에 맞춰 그 문을 여는 통로가 된다.

- 기도하는 자는 자신의 능력이 아닌 하나님의 능력으로 길을 여는 법을 배우게 된다.
- 기도는 하나님의 주권과 인간의 책임이 만나는 접점이며 성경 곳곳에서 그 중요성이 강조된다.
- 기도는 단순한 요청이 아니라 하나님의 뜻을 구하고 이루는 과정이다.
- 기도의 궁극적인 목적은 나의 바람을 이루는 것이 아니라 하나님의 뜻에 순

종하는 것임을 보여준다.

2. 기도의 정의

첫째, 기도는 하나님과의 교제다.
- 기도는 신자가 하나님과 소통하는 행위이며 이것은 성경에서 끊임없이 강조된다.
  "여호와께서는 자기에게 간구하는 모든 자 곧 진실하게 간구하는 모든 자에게 가까이 하시는도다"(시편 145:18)
- 하나님은 우리가 기도를 통해 친밀한 교제를 나누기를 원하신다.
- 이는 단순한 정보 전달이 아니라 하나님과의 인격적인 관계 속에서 이루어지는 대화다.

둘째, 기도는 하나님의 뜻을 발견하는 과정이다.
- 사람들은 종종 기도를 통해 자신의 필요를 채우기를 원하지만, 성경은 기도가 하나님의 뜻을 찾고 따르는 과정이라고 말한다.
- 예수님도 십자가를 지기 전 겟세마네 동산에서 이렇게 기도하셨다.
  "나의 원대로 마시옵고 아버지의 원대로 하옵소서"(마태복음 26:39)
- 기도는 내 뜻을 관철하는 도구가 아니라 하나님의 뜻에 나를 맞추는 순종의 과정이다.

셋째, 기도는 영적 전쟁의 무기다.
- 성경은 기도를 단순한 요청이 아니라 영적 싸움의 중요한 무기로 묘사한다.
  "모든 기도와 간구로 하되 항상 성령 안에서 기도하고 이를 위하여 깨어 구하기를 항상 힘쓰며 여러 성도를 위하여 구하라"(에베소서 6:18)

- 기도는 단순한 정신적 위안이 아니라 악한 영적 세력과의 싸움에서 승리하게 하는 영적 무기다.

3. 기도가 열어주는 네 가지 문

첫째, 기도는 하나님 뜻의 문을 연다.
   "너희가 내게 부르짖으며 내게 와서 기도하면 내가 너희들의 기도를 들을 것이요"(예레미야 29:12)
- 기도는 우리의 계획이 아니라 하나님의 뜻을 발견하는 과정이다.
- 하나님의 음성을 듣고 우리의 길을 인도받기 위해 기도의 문을 열어야 한다.

둘째, 기도는 불가능이 가능해지는 문을 연다.
   "사람으로는 할 수 없으나 하나님으로서는 다 하실 수 있느니라"(마태복음 19:26하)
- 우리 힘으로 열 수 없는 문도 하나님께서 여시면 가능해진다.
- 우리가 믿음으로 기도할 때 닫혀 있던 기회의 문이 열리며 불가능이 가능으로 바뀐다.

셋째, 기도는 마음의 평안을 얻는 문을 연다.
   "아무것도 염려하지 말고 다만 모든 일에 기도와 간구로, 너희 구할 것을 감사함으로 하나님께 아뢰라"(빌립보서 4:6)
- 인생의 불안과 염려 속에서도 기도는 하나님이 주시는 평안의 문을 연다.

넷째, 기도는 기적과 응답의 문을 연다.
   *"구하라 그리하면 너희에게 주실 것이요 찾으라 그리하면 찾아낼 것이요 문

을 두드리라 그리하면 너희에게 열릴 것이니"(마태복음 7:7)
- 기도는 하나님의 기적과 응답의 문을 여는 가장 강력한 도구다.

4. 기도의 열쇠를 사용하는 방법

- 기도는 하나님과의 관계를 여는 열쇠다.
- 열쇠가 맞지 않으면 방향을 바꾸고 다시 시도하듯, 기도도 올바른 방법과 태도로 드릴 때 응답의 문이 열린다.
- 오늘날 열쇠의 모양은 바뀌었지만 영적인 원리는 변하지 않는다.
- 하나님 앞에 나아가는 기도의 열쇠를 제대로 사용할 때 우리는 막힌 인생의 문을 열고 응답을 경험하게 된다.

■ 기도의 열쇠를 효과적으로 사용하는 다섯 가지 원칙은 다음과 같다.

첫째, 올바른 열쇠인지 점검하라(기도의 목적을 살펴라).
 "너희가 얻지 못함은 구하지 아니하기 때문이요 구하여도 받지 못함은 정욕으로 쓰려고 잘못 구하기 때문이라"(야고보서 4:2하-3)
- 하나님의 뜻과 상관없이 욕심으로 구하는 기도는 응답되지 않는다.
- 기도의 방향이 하나님의 뜻과 일치하는지 먼저 점검해야 한다.

둘째, 정확한 열쇠 구멍을 찾으라(말씀 중심으로 기도하라).
 "너희가 내 안에 거하고 내 말이 너희 안에 거하면 무엇이든지 원하는 대로 구하라 그리하면 이루리라"(요한복음 15:7)
- 말씀이 내 안에 있을 때 기도는 힘을 얻는다.
- 하나님의 약속을 붙들고 기도할 때 응답이 이루어진다.

셋째, 힘을 주어 열쇠를 돌려라(끈질기게 기도하라).

"구하라 그리하면 너희에게 주실 것이요 찾으라 그리하면 찾아낼 것이요 문을 두드리라 그리하면 너희에게 열릴 것이니"(마태복음 7:7)
- 기도는 포기하지 말고 끝까지 붙들어야 한다.
- 하나님은 끈질기게 찾고 두드리는 자에게 반드시 응답하신다.

넷째, 녹슨 열쇠는 기름칠하라(겸손과 회개의 태도를 가지라).

"그러나 더욱 큰 은혜를 주시나니 그러므로 일렀으되 하나님이 교만한 자를 물리치시고 겸손한 자에게 은혜를 주신다 하였느니라"(야고보서 4:6)
- 교만과 불신, 원망은 기도의 문을 막는 녹과 같다.
- 겸손히 자신을 낮추고 회개할 때 막힌 기도의 문이 열린다.

다섯째, 열쇠를 돌렸다면 기다리라(하나님의 때를 신뢰하라).

"이 묵시는 정한 때가 있나니 그 종말이 속히 이르겠고 결코 거짓되지 아니하리라 비록 더딜지라도 기다리라 지체되지 않고 반드시 응하리라"(하박국 2:3)
- 기도했으나 문이 바로 열리지 않는다고 낙심해서는 안 된다.
- 하나님의 때는 반드시 오며 기다리는 자에게 놀라운 응답이 주어진다.

✤ **미래의 나(Future Self) 질문**
내가 오늘 기도로 열게 될 인생의 문 뒤에 기다리는 '미래의 나'는 어떤 모습인가?

✤ **기도 기록(Prayer Journal)**
오늘 기도한 내용

....
....

하나님이 주신 감동이나 응답

....
....

기도를 지속하기 위해 내일 실천할 것

....
....

✤ **기도로 선포하라.**
주님,
기도를 통해 닫힌 문이 열리게 하시고
하나님의 뜻과 계획을 발견하는 인생을 살게 하소서.
기도의 열쇠로 불가능이 가능이 되고
응답과 기적을 경험하는 삶이 되게 하소서.
예수님의 이름으로 기도합니다. 아멘!

Day 2
두려움을 끊고 아버지께 나아가다

1. 우리는 누구에게 기도하는가?

　기도는 단순한 독백이 아니라 살아 계신 하나님과의 대화다. 성경은 우리가 하나님 아버지께 기도하도록 가르친다. 예수님께서 가르치신 주기도문에서도 기도는 "하늘에 계신 우리 아버지여"(마태복음 6:9)로 시작되며, 이는 하나님이 우리의 아버지 되심을 인정하는 신앙의 고백이다.
　하나님은 온 우주의 창조주이시지만 동시에 우리를 사랑하시는 아버지시다. 우리는 자녀가 아버지께 자신의 필요를 말하듯 하나님께 기도할 수 있으며, 하나님은 우리의 기도를 들으시고 가장 좋은 것을 주시는 분이시다.

2. 아버지께 나아가는 기도, 왜 두려운가?

- 우리는 종종 하나님을 심판자나 두려운 존재로만 오해한다.
- 또한 자신의 죄와 부족함, 실패와 상처 때문에 하나님께 나아가는 것을 주저한다. 하지만 성경은 하나님을 '아버지'로 부르라 하신다.

- 기도는 죄인 된 인간이 두려워 숨는 시간이 아니라 아버지께 담대히 나아가는 시간이다.
- 하나님은 우리를 사랑하시는 아버지시며 언제나 기다리시는 분이시다.

3. 기도를 더욱 강력하게 하는 하나님에 대한 이해

첫째, 하나님은 사랑이 많으신 아버지시다.

"보라 아버지께서 어떠한 사랑을 우리에게 베푸사 하나님의 자녀라 일컬음을 받게 하셨는가, 우리가 그러하도다 그러므로 세상이 우리를 알지 못함은 그를 알지 못함이라"(요한일서 3:1)

- 하나님은 우리를 지극히 사랑하시며 우리의 필요를 아시고 돌보시는 아버지시다.

둘째, 하나님은 전능하시며 신실하신 분이시다.

"나는 하나님이라 나 같은 이가 없느니라 내가 시초부터 종말을 알리며 … 나의 뜻이 설 것이니 내가 나의 모든 기뻐하는 것을 이루리라"(이사야 46:9하-10하)

- 하나님은 전능하시며 우리 삶의 모든 것을 아시고 다스리신다.

셋째, 하나님은 우리의 필요를 아시는 공급자시다.

"그런즉 너희는 먼저 그의 나라와 그의 의를 구하라 그리하면 이 모든 것을 너희에게 더하시리라"(마태복음 6:33)

- 기도는 단순한 물질적 필요를 구하는 것이 아니라 하나님과의 관계를 깊이 하는 과정이다.

넷째, 하나님은 우리의 기도를 들으시는 분이시다.

"의인이 부르짖으매 여호와께서 들으시고 그들의 모든 환난에서 건지셨도다"(시편 34:17)
- 하나님은 우리의 기도를 듣고 응답하시는 분이시다.

4. 기도의 여섯 가지 핵심 요소

첫째, 하나님을 찬양하기: "하나님, 주님은 선하시고 신실하십니다."
- 기도의 시작은 하나님의 위대하심을 찬양하는 것으로 시작하라.

둘째, 감사하기: "오늘 하루를 살게 하심을 감사합니다."
- 하나님이 이미 베푸신 은혜를 기억하며 감사하는 태도를 가져라.

셋째, 자신의 필요를 간구하기: "주님, 제게 지혜를 주세요."
- 구체적으로 기도하라. 단순히 "잘되게 해 주세요"가 아니라, "이 일에서 주님의 지혜를 주시고 바른 선택을 하게 해 주세요"라고 기도하라.

넷째, 다른 사람을 위해 중보하기: "제 가족을 보호해 주세요."
- 자신뿐만 아니라 가정, 교회, 나라, 이웃을 위해 기도하는 습관을 들이자.

다섯째, 죄를 회개하고 용서를 구하기: "제 실수를 용서해 주세요."
- 회개는 기도의 방해 요소를 제거하는 중요한 과정이다.

여섯째, 하나님의 뜻을 구하기: "제 삶이 주님의 뜻대로 되길 원합니다."
- 내 뜻을 관철하려는 기도가 아니라 하나님의 뜻을 이루는 기도를 하라.

5. 기도 시간은 중요할까?

- 기도에서 중요한 것은 길이가 아니라 진정성과 집중력이다.
- 짧게 기도해도, 깊고 오래 기도해도 하나님은 중심을 보시고 응답하신다.
- 상황에 따라 짧은 기도가 효과적인 순간이 있고, 긴 기도가 꼭 필요한 순간이 있다.

■ 짧은 기도가 효과적인 순간

첫째, 급한 상황에서는 즉각적으로 "주님, 도와주세요!"라고 부르짖는 기도가 필요하다.
- 베드로가 물에 빠져 죽을 위기에서 외친 짧은 기도가 그 예다(마태복음 14:30).

둘째, 하루 중에 자주 기도할 때 짧은 기도가 신앙의 흐름을 유지하는 데 도움이 된다.
- 짧고 자주 하나님을 찾을 때 일상에서 하나님과 동행하는 힘을 얻게 된다.

셋째, 집중이 어려운 상황에서는 짧고 핵심적인 내용을 담아 기도하는 것이 효과적이다.
- 생각이 복잡하거나 지칠 때 짧은 기도가 오히려 마음을 바로잡는 힘이 된다.

■ 긴 기도가 필요한 순간

첫째, 하나님과 깊은 교제와 묵상을 원할 때는 오랜 시간을 들여 기도해야 한다.
- 마음의 깊은 이야기와 삶의 모든 부분을 하나님께 내려놓는 기도는 시간과

정성이 필요하다.

둘째, 중요한 결정을 앞두고 하나님의 뜻을 간절히 구해야 할 때는 깊고 오래 기도해야 한다.
- 직장 선택, 배우자 결정, 사역의 방향과 같은 인생의 중요한 순간마다 충분한 기도로 하나님의 인도하심을 구해야 한다.

셋째, 다른 사람을 위해 중보할 때도 충분한 기도가 필요하다.
- 가정과 교회, 나라와 이웃을 위해 깊이 기도하며 하나님의 은혜와 역사를 간구하는 시간이 되어야 한다.

6. 하나님이 제 기도를 정말 들으시나요?

■ 성경이 말하는 하나님의 응답

- 하나님께서는 이렇게 약속하셨다.
  "**내 이름으로 일컫는 내 백성이 그들의 악한 길에서 떠나 스스로 낮추고 기도하여 내 얼굴을 찾으면 내가 하늘에서 듣고 그들의 죄를 사하고 그들의 땅을 고칠지라**"(역대하 7:14)
- 하나님은 회개하고 간구하는 백성의 기도를 들으시고 응답하신다.

■ 하나님의 응답에는 세 가지 방식이 있다.

첫째, 즉각적인 응답이 있다.
- 한나는 오랜 기도 끝에 사무엘이라는 아들을 선물로 받았다(사무엘상 1:27).

- 하나님은 때로 우리의 간절한 기도에 즉각적으로 응답하신다.

둘째, 하나님의 때에 맞춘 응답이 있다.
- 아브라함과 사라는 오랜 기다림 끝에 이삭을 얻었다(창세기 21:1-2).
- 하나님은 가장 완벽한 때에 우리의 삶에 응답하신다.

셋째, 우리의 기대와 다른 방식으로 응답하실 때도 있다.
- 사도 바울은 자신의 육체의 가시를 놓고 세 번이나 간구했지만 하나님은 말씀하셨다.
   "내 은혜가 네게 족하도다"(고린도후서 12:9)
- 하나님은 때로 우리가 원하는 방식이 아니라 더 깊은 은혜로 응답하신다.

■ **기도 응답이 늦어 보일 때 어떻게 해야 할까?**

- 하나님의 침묵은 응답이 없다는 뜻이 아니다.
- 때로는 우리에게 더 좋은 계획이 준비되어 있거나 믿음의 성장을 위해 기다리게 하실 때도 있다.
- 기도 응답이 빨리 오지 않는다고 낙심하지 말아야 한다.
- 하나님의 때를 신뢰하며 기다리는 것이 믿음의 길이다.
- 끝까지 포기하지 않고 기도의 자리를 지킬 때 하나님의 완전한 응답은 반드시 임한다.

❖ **미래의 나(Future Self) 질문**

두려움을 끊고 아버지께 담대히 나아갈 때, '미래의 나'는 어떤 모습으로 서게 될 것인가?

❖ **기도 기록(Prayer Journal)**

오늘 나는 하나님을 어떤 성품으로 경험했는가?

....
....

나는 하나님을 아버지로 신뢰하며 기도했는가?

....
....

하나님의 응답을 기다리며 나는 어떤 태도로 살아가야 하는가?

....
....

❖ **기도로 선포하라.**

주님,
저를 사랑하셔서 자녀 삼아 주심을 감사합니다.
기도할 때마다 주님의 사랑을 경험하게 하시고
모든 염려를 맡기며 주님을 신뢰하게 하소서.
기도 속에서 아버지의 음성을 듣고
더욱 친밀한 관계로 나아가게 하소서.
예수님의 이름으로 기도합니다. 아멘!

Day 3
예수님의 기도 길을 따라가다

1. 기도는 방향이 중요하다.

- 예수님은 제자들에게 기도의 본질과 방향을 직접 가르쳐 주셨다.
  "그러므로 너희는 이렇게 기도하라"(마태복음 6:9)
- 길을 잃지 않으려면 정확한 지도(GPS)가 필요하듯, 기도에도 올바른 방향과 기준이 필요하다.
- 주기도문은 단순한 암송이 아니라 하나님의 뜻과 우리의 필요를 연결하는 완벽한 기도의 모델이다.
- 예수님이 가르쳐 주신 이 기도의 길을 따라갈 때 우리의 기도는 하나님의 마음과 정확히 연결된다.

2. 예수님이 가르쳐 주신 기도(주기도문)

주기도문(마태복음 6:9-13)은 다섯 가지 핵심 요소로 이루어져 있다.
각 요소를 깊이 묵상하고 적용할 때, 우리 기도는 더욱 능력 있고 풍성해진다.

첫째, 하나님을 높이는 기도다.

"하늘에 계신 우리 아버지여 이름이 거룩히 여김을 받으시오며"(마태복음 6:9)
- 기도는 하나님을 높이는 것으로 시작해야 한다.
- 하나님의 위대하심과 거룩하심을 인정하는 기도는 기도의 깊이를 더해 준다.

둘째, 하나님의 뜻을 구하는 기도다.

"나라가 임하시오며 뜻이 하늘에서 이루어진 것 같이 땅에서도 이루어지이다"(마태복음 6:10)
- 기도는 내 뜻이 아니라 하나님의 뜻을 구하는 시간이다.
- 하나님의 계획을 신뢰하며 그분의 뜻이 이루어지기를 간절히 구해야 한다.

셋째, 필요를 간구하는 기도다.

"오늘 우리에게 일용할 양식을 주시옵고"(마태복음 6:11)
- 하나님은 우리의 필요를 아시는 분이며, 매일 필요한 것을 공급해 주시는 분이시다.
- 우리는 매일 하나님의 은혜를 구하며 감사의 마음으로 나아가야 한다.

넷째, 용서와 회개의 기도다.

"우리가 우리에게 죄 지은 자를 사하여 준 것 같이 우리 죄를 사하여 주시옵고"(마태복음 6:12)
- 죄를 회개하고 용서하는 기도는 하나님과의 관계를 새롭게 한다.
- 다른 사람을 용서하며 하나님의 용서를 경험해야 한다.

다섯째, 시험과 악에서 보호해 달라는 기도다.

"우리를 시험에 들게 하지 마시옵고 다만 악에서 구하시옵소서"(마태복음 6:13상)

- 우리는 영적 전쟁 속에 살고 있으며 하나님의 보호가 절대적으로 필요하다.
- 유혹과 악한 길에서 벗어나도록 간구해야 한다.

3. 예수님이 가르쳐주신 기도(주기도문)를 따라 기도하라.

- 하나님을 높이며 기도를 시작해야 한다.
- 하나님 뜻을 먼저 구하고 필요를 간구하되 감사하는 태도로 나아가야 한다.
- 용서와 회개의 기도를 통해 마음을 정결하게 하고 하나님의 보호하심을 구하며 악과 시험에서 벗어나도록 기도해야 한다.

❀ **미래의 나(Future Self) 질문**
예수님의 이름으로 기도할 때에 변화될 '미래의 나'는 어떤 모습인가?

❀ **기도 기록(Prayer Journal)**
오늘 주기도문을 어떻게 적용했는가?

……………………………………………………………………………………………
……………………………………………………………………………………………

하나님이 주신 감동이나 응답은 무엇이었는가?

……………………………………………………………………………………………
……………………………………………………………………………………………

매일 기도를 지속하기 위해 실천할 것은 무엇인가?

……………………………………………………………………………………………
……………………………………………………………………………………………

❀ **기도로 선포하라.**
주님,
예수님께서 가르쳐 주신 기도를 따라 하나님을 높이고
주님의 뜻을 구하며 믿음으로 기도하는 삶을 살게 하소서.
기도를 통해 하나님의 뜻을 이루는 사람이 되게 하소서.
예수님의 이름으로 기도합니다. 아멘!

Day 4
무릎 꿇는 자만이 승리한다

1. 기도할 때의 태도는 왜 중요한가?

"그러나 더욱 큰 은혜를 주시나니 그러므로 일렀으되 하나님이 교만한 자를 물리치시고 겸손한 자에게 은혜를 주신다 하였느니라"(야고보서 4:6)

기도의 능력은 말의 길이나 화려한 표현에서 나오는 것이 아니다. 하나님께서는 기도자의 마음과 태도를 보신다. 예수님은 기도의 방법뿐 아니라 기도자의 올바른 자세에 대해서도 분명히 가르치셨다. 겸손한 마음으로 무릎 꿇고, 두 손을 모으며, 믿음으로 하나님께 집중하는 기도의 태도는 하나님의 응답을 경험하게 한다.

2. 성경이 말하는 기도의 네 가지 올바른 자세

첫째, 무릎 꿇는 겸손의 태도다.
"내 이름으로 일컫는 내 백성이 그들의 악한 길에서 떠나 스스로 낮추고 기도

하여 내 얼굴을 찾으면 내가 하늘에서 듣고 그들의 죄를 사하고 그들의 땅을 고칠지라"(역대하 7:14)

"다니엘이 … 자기 집에 돌아가서는 윗방에 올라가 예루살렘으로 향한 창문을 열고 전에 하던 대로 하루 세 번씩 무릎을 꿇고 기도하며 그의 하나님께 감사하였더라"(다니엘 6:10)

- 무릎 꿇는 것은 하나님 앞에서 교만과 자존심을 내려놓고 겸손히 그분의 은혜를 구하는 표현이다.
- 무릎 꿇고 기도하는 것은 하나님께 전적으로 의존하며 그분의 은혜를 구하는 가장 분명한 표현이다.
- 기도는 하나님 앞에서 자신의 연약함을 인정하고 하나님의 은혜를 구하는 시간이다.
- 교만한 기도는 응답받지 못하지만 반면 겸손한 기도는 하나님의 마음을 움직인다.

둘째, 두 손을 들고 기도하는 간구와 항복의 태도다.

"그러므로 각처에서 남자들이 분노와 다툼이 없이 거룩한 손을 들어 기도하기를 원하노라"(디모데전서 2:8)

- 두 손을 들어 기도하는 것은 하나님께 자신의 모든 것을 맡기고 그분의 도우심과 인도를 구하는 자세다.
- 하나님의 응답은 언제나 우리의 시간에 맞춰 오지 않는다.
- 믿음의 사람들은 응답이 올 때까지 결코 포기하지 않고 끝까지 인내하며 기도했다.
- 손을 모아 기도하는 것은 하나님의 응답을 서두르지 않고 인내로 기다리겠다는 결단이다.
- 기도의 응답이 지체되는 것 같아도 조급함 없이 손을 모아 하나님께 모든 것

을 맡기고 기다릴 때 하나님은 반드시 응답하신다.

셋째, 손을 모으는 인내와 헌신의 태도다.
"우리의 마음과 손을 아울러 하늘에 계신 하나님께 들자"(예레미야애가 3:41)
"내가 사랑하는 주의 계명들을 향하여 내 손을 들고 주의 율례들을 작은 소리로 읊조리리이다"(시편 119:48)
- 성경에서 손을 모으는 구체적 표현은 적지만 이는 교회 전통에서 자연스럽게 겸손, 경외, 집중을 나타내는 기도 자세로 자리 잡았다.
- 손을 모으는 것은 하나님의 때를 신뢰하며 인내하는 믿음의 표현이자 하나님께 대한 겸손한 복종과 집중의 태도다.

넷째, 눈을 감고 하나님께만 집중하는 믿음의 태도다.
"너는 기도할 때에 네 골방에 들어가 문을 닫고 은밀한 중에 계신 네 아버지께 기도하라"(마태복음 6:6)
- 성경에는 기도할 때 눈을 감으라는 직접적 명령은 없다.
- 그러나 교회의 전통과 영성적 관습에서는 외부의 시선을 차단하고 하나님과의 개인적이고 친밀한 관계에 깊이 집중하기 위해 자연스럽게 눈을 감고 기도하게 되었다.

3. 초신자들이 자주 궁금해하는 질문

- 꼭 정해진 장소에서만 기도해야 하는 것이 아니다.
- 기도는 장소에 제한되지 않는다. 중요한 것은 장소가 아니라 하나님을 향한 마음과 태도다.
- 교회나 조용한 장소뿐 아니라 운전하거나 일하면서도 언제든 기도할 수 있다.

■ 기도하기 좋은 장소의 예

* **교회나 성전:** 특별히 하나님께 집중하기 좋은 장소이다.
* **가정의 조용한 장소(골방):** 예수님도 골방에서의 기도를 강조하셨다(마태복음 6:6).
* **직장, 학교 등 어디서나:** 장소보다는 하나님께 향한 마음이 중요하다.
  '무시로 기도하라'는 것은 때와 장소를 가리지 않고 항상 하나님과 대화하는 마음으로 일상에서 자연스럽게 기도하라는 의미다.

"모든 기도와 간구로 하되 항상 성령 안에서 기도하고 이를 위하여 깨어 구하기를 항상 힘쓰며"(에베소서 6:18)
- 이 말씀은 기도를 습관처럼 일상에 통합하여 살아가라는 뜻이다.
- 특별히 형식을 갖추지 않아도 일상적인 삶의 현장이 기도의 장소가 된다.
- 하나님을 생각하는 순간마다 짧게라도 대화하듯 기도하면 된다.

4. 기도자의 자세를 점검하는 질문

- 나는 겸손히 무릎 꿇고, 두 손을 들거나 모으고, 눈을 감고 하나님께 집중하며 기도하는가?
- 나는 하나님의 응답을 확신하며 인내로 기도하는가?

✿ **미래의 나(Future Self) 질문**

이런 올바른 기도의 태도를 통해 하나님의 응답을 경험한 '미래의 나'는 지금과 무엇이 달라져 있을까?

✿ **기도 기록(Prayer Journal)**

오늘 내가 특별히 취했던 기도의 태도는 무엇인가?
(무릎 꿇기, 두 손 들기, 손 모으기, 눈 감기 등)

……………………………………………………………………………………………
……………………………………………………………………………………………

오늘 기도하면서 내게 가장 깊이 와닿았던 마음(또는 깨달음)은 무엇인가?

……………………………………………………………………………………………
……………………………………………………………………………………………

하나님의 응답을 기다리며 나는 어떤 태도로 살아갈 것인가?

……………………………………………………………………………………………
……………………………………………………………………………………………

✿ **기도로 선포하라.**

주님, 제가 무릎 꿇고 겸손히 기도하게 하소서.
두 손을 들어 주님께 모든 것을 맡기며 간구하게 하소서.
손을 모아 하나님의 때를 기다리는 인내를 주소서.
눈을 감고 온전히 하나님께만 집중하며 믿음으로 나아가게 하소서.
올바른 기도의 태도를 통해 하나님의 응답을 경험하게 하소서.
예수님의 이름으로 기도합니다. 아멘!

Day 5
예수님의 이름으로 변화가 시작된다

1. 구약과 신약의 기도 방식: 하나님의 이름으로 기도한다.

구약 시대에는 사람들은 "여호와", "엘로힘", "아도나이" 등 하나님의 이름을 부르며 직접 기도했다.

아브라함, 모세, 다윗과 같은 믿음의 사람들은 하나님의 이름을 부르며 기도했고, 대제사장이 이스라엘을 대표해 성소에서 중보 기도를 드렸다. 죄 사함은 동물 희생 제사와 함께 드려졌다.

"아브라함이 하나님께 기도하매 하나님이 아비멜렉과 그의 아내와 여종을 치료하사 출산하게 하셨으니"(창세기 20:17)

- 신약 시대에 예수님은 새로운 기도의 길을 열어주셨다.
- 십자가를 지시기 전, 예수님은 제자들에게 "내 이름으로 기도하라"고 말씀하셨다.

"너희가 내 이름으로 무엇을 구하든지 내가 행하리니 이는 아버지로 하여금

아들로 말미암아 영광을 받으시게 하려 함이라 내 이름으로 무엇이든지 내게 구하면 내가 행하리라"(요한복음 14:13-14)

이후 믿는 자들은 예수님의 이름으로 하나님께 나아가게 되었다.

2. 구약과 신약의 기도 차이점

구분	구약 시대	신약 시대
기도 대상	여호와 하나님	예수 그리스도의 이름으로 하나님께
중보자	대제사장	예수님, 유일한 중보자
죄 사함 방법	동물 희생 제사	예수님의 십자가 대속
기도 방식	성전에서	언제 어디서나 가능

3. 예수님의 이름이 기도의 권세인 이유

예수님의 이름은 단순한 형식이 아니라, 기도의 권세와 응답을 보장하는 능력이다.

첫째, 예수님의 이름은 하나님께 나아가는 유일한 길이다.
"나로 말미암지 않고는 아버지께로 올 자가 없느니라"(요한복음 14:6하)
● 예수님의 십자가 대속으로 우리는 하나님께 담대히 나아갈 수 있게 되었다.

둘째, 예수님의 이름은 기도의 응답을 보증하는 권세다.
"내 이름으로 무엇이든지 내게 구하면 내가 행하리라"(요한복음 14:14)
● 기도의 응답은 우리의 자격이 아니라 예수님의 이름으로 이루어진다.

셋째, 예수님의 이름은 영적 전쟁에서 승리하는 무기다.

"예수 그리스도의 이름으로 내가 네게 명하노니 그에게서 나오라 하니 귀신이 즉시 나오니라"(사도행전 16:18하)
- 예수님의 이름은 귀신도 떠나가게 하는 능력이 있다.

넷째, 예수님의 이름으로 기도하는 것은 그분의 뜻대로 구하는 것이다.

"그의 뜻대로 무엇을 구하면 들으심이라"(요한일서 5:14하)
- 예수님의 이름으로 드리는 기도는 자신의 욕심이 아니라 하나님의 뜻에 맞는 기도가 되어야 한다.

4. 예수님의 이름을 사용하지 않으면 어떻게 되는가?

첫째, 기도의 능력이 떨어진다.
- 성경은 예수님의 이름으로 기도할 것을 명확히 가르치고 있다.
- 예수님의 이름이 없는 기도는 하나님의 약속된 응답을 보장받지 못한다.

둘째, 자기 의(義)로 나아가는 위험이 있다.
- 예수님의 이름 없이 기도하는 것은 스스로 하나님께 나아가려는 시도일 수 있다. 그러나 성경에서는 예수님을 통해서만 하나님께 나아갈 수 있다고 강조한다.

셋째, 영적 권세를 행사할 수 없다.
- 귀신을 쫓거나 질병을 위해 기도할 때, 예수님의 이름이 없으면 영적인 능력이 없다.
- 사도행전 19장에서 어떤 사람들이 예수님의 이름 없이 귀신을 쫓으려다 실

패한 사건이 있다.

"내가 예수도 알고 바울도 알거니와 너희는 누구냐 하며"(사도행전 19:15하)

결국 그들은 귀신에게 공격을 당했다.

5. 예수님의 이름을 기도에 적용하는 방법

- 기도의 시작부터 예수님의 이름으로 담대히 나아가야 한다.
- 기도 마무리에서도 반드시 예수님의 이름으로 기도함을 선포해야 한다.
- 내 능력이 아니라 예수님 이름의 권세로 기도하고 있음을 확신해야 한다.
- 영적 전쟁이나 두려움이 있을 때에는 예수님의 이름으로 선포하며 기도해야 한다.

✿ **미래의 나(Future Self) 질문**
　　예수님의 이름으로 기도할 때 내 삶에서 시작될 변화는 무엇인가?

✿ **기도 기록(Prayer Journal)**
　　오늘 예수님의 이름으로 기도해야 할 주제는 무엇인가?
　　..
　　..

　　나는 예수님 이름의 능력을 믿고 기도하고 있는가?
　　..
　　..

　　나는 진심으로 예수님의 이름을 신뢰하며 기도하고 있는가?
　　..
　　..

✿ **기도로 선포하라.**
　　주님,
　　오늘 저의 기도가 예수님 이름의 권세를 믿고 드리는 기도가 되게 하소서.
　　예수님의 이름으로 하나님 앞에 담대히 나아가고
　　예수님의 이름으로 기도의 응답을 확신하며
　　예수님의 이름으로 승리하는 기도의 사람이 되게 하소서.
　　예수님의 이름으로 기도합니다. 아멘.

Day 6
기도는 반드시 응답된다

1. 기도는 과학적으로도 검증될 수 있는가?

"너희가 내 안에 거하고 내 말이 너희 안에 거하면 무엇이든지 원하는 대로 구하라 그리하면 이루리라"(요한복음 15:7)

- 기도는 단순한 신앙적 행위가 아니라 하나님께서 세우신 영적 법칙이다.
- 물리 세계에 중력의 법칙이 존재하듯 영적 세계에서도 기도의 원리가 존재한다.
- 이 법칙을 이해하고 적용할 때 기도는 강력한 능력이 되어 하나님의 뜻을 이루는 도구가 된다.
- 기도는 단순한 위로가 아니라 실제적인 변화를 일으킨다.
- 또한 기도가 인간의 뇌, 심장, 면역체계에 긍정적인 영향을 준다는 연구 결과들이 발표되고 있다.

2. 과학적으로 연구된 기도의 효과

첫째, 기도는 뇌를 변화시킨다.
- 신경과학자들은 기도할 때에 뇌의 전두엽과 측두엽이 활성화되는 것을 확인했다.
- 반복적인 기도는 스트레스와 불안을 낮추고 감정 조절 능력을 향상시킨다.

둘째, 기도는 스트레스와 면역체계를 강화한다.
- 하버드 연구에 따르면, 기도하는 사람은 혈압이 낮고 스트레스 호르몬인 코르티솔 수치가 줄어든다.
- 기도 습관이 있는 사람들은 면역력이 높아지고 회복 속도가 빨라진다.

셋째, 기도는 질병 회복에도 긍정적 영향을 준다.
- 듀크대와 하버드 의대 연구에 따르면, 기도받은 심장병 환자들의 회복률이 높았다.
- 기도는 단순한 심리적 안정뿐 아니라 신체적 회복에도 도움을 준다는 연구들이 있다.

3. 기도의 실험과 검증: 주요 연구 사례

첫째, 심장병 환자를 대상으로 한 기도 실험(Duke University, 2006)
- 1,800명의 환자를 대상으로 중보기도가 회복에 미치는 영향을 실험했다.
- 기도받은 그룹이 상대적으로 회복 속도가 빠른 경향을 보였다.
- 연구진은 심리적 안정 효과도 주요 요인 중 하나로 분석했다.

둘째, 기도가 두뇌에 미치는 영향 연구(University of Pennsylvania, 2018)
- 기도하는 동안 전두엽과 측두엽이 활성화되고 스트레스 감소와 감정 조절 능력 향상이 관찰되었다.
- 기도 습관이 우울증과 불안장애 발생률을 낮추는 것으로 나타났다.

4. 기도와 과학, 어떻게 이해해야 하는가?

- 기도는 신앙의 영역이지만 과학적으로도 긍정적 영향을 미친다.
- 기도는 뇌를 활성화하고 스트레스를 줄이며, 면역력을 높이는 효과가 있다.
- 기도의 효과는 단순히 기적적 치유뿐 아니라 심리적 안정과 영적 성장으로 나타난다.
- 그러나 기도의 본질은 '하나님의 뜻을 구하는 것'이며 그 안에서 기도의 능력이 완성된다.

5. 기도라는 영적 법칙을 삶에 적용하는 방법

- 기도는 하나님과의 관계 속에서 이루어져야 한다.
- 믿음으로 기도하고 반드시 응답될 것을 확신해야 한다.
- 꾸준히 기도하며 하루 중 정해진 시간을 확보해 지속적으로 기도해야 한다.
- 기도를 통해 하나님의 능력을 직접 체험해야 한다.
- 영적 전쟁에서 기도는 승리의 무기가 된다.

✿ **미래의 나(Future Self) 질문**
　내가 기대하는 하나님의 응답은 내 미래를 어떻게 바꿀 것인가?

✿ **기도 기록(Prayer Journal)**
　오늘 기도를 통해 경험한 감정의 변화는 무엇인가?
　..
　..

　기도 후 느껴진 평안과 마음의 상태는 어떠한가?
　..
　..

　하나님께 맡기고 싶은 기도 제목은 무엇인가?
　..
　..

✿ **기도로 선포하라.**
　주님,
　기도의 법칙을 깨닫고 믿음으로 기도하는 사람이 되게 하소서.
　기도할 때마다 하나님의 능력을 경험하게 하시고
　기도를 통해 하나님의 뜻을 이루는 삶을 살게 하소서.
　예수님의 이름으로 기도합니다. 아멘!

Day 7
찬양 없는 삶에 역전은 없다

1. 우리는 하나님을 찬양하기 위해 창조되었다.

"이 백성은 내가 나를 위하여 지었나니 나를 찬송하게 하려 함이라"(이사야 43:21)

- 찬송은 단순한 노래가 아니라 하나님께 드리는 곡조 있는 기도다.
- 우리가 창조된 목적 중 하나는 하나님을 찬양하는 것이며, 찬송은 우리의 믿음과 감정을 담아 하나님께 올려드리는 강력한 영적 도구다.

- 찬송은 하나님을 향한 경배이자 감사의 표현이다.
- 하나님께서는 우리를 찬양받으시기 위해 지으셨고, 찬송을 통해 우리는 하나님의 임재를 경험하게 된다.

2. 찬송이 기도와 함께 강력한 이유

첫째, 찬송은 하나님께 영광을 돌리는 기도다.

"여호와여 주는 나의 하나님이시라 내가 주를 높이고 주의 이름을 찬송하오리니"(이사야 25:1)

- 찬송은 하나님의 위대하심을 선포하는 기도이며, 하나님께 영광을 돌리는 행위이다.

둘째, 찬송은 믿음의 기도다.

"한밤중에 바울과 실라가 기도하고 하나님을 찬송하매 죄수들이 듣더라"(사도행전 16:25)

- 바울과 실라는 감옥에서도 하나님을 찬송했다.
- 찬송은 상황을 넘어 하나님의 선하심을 신뢰하는 믿음의 고백이다.

셋째, 찬송은 영적 전쟁에서 승리하는 무기다.

- 이스라엘 백성이 여리고 성을 무너뜨릴 때 찬송과 나팔 소리가 하나님의 역사를 이끌었다.
- 찬송은 하나님께서 일하시는 환경을 만드는 강력한 영적 무기다.

넷째, 찬송은 영혼을 치유하고 기쁨을 회복하는 기도다.

"의인은 기뻐하여 하나님 앞에서 뛰놀며 기뻐하고 즐거워할지어다"(시편 68:3)

- 찬송은 우리 안에 기쁨과 평안을 회복시키고 영혼을 치유하는 능력이 있다.

3. 기도와 찬송의 차이점

- 찬송은 단순한 노래가 아니라 하나님을 향한 마음과 믿음을 담는 기도의 한 형태다.
- 기도가 우리의 간구라면, 찬송은 믿음과 감사를 선포하는 또 다른 기도다.

구분	기도	찬송
정의	하나님과의 직접적인 대화	하나님을 높이고 경배하는 노래
목적	하나님의 도우심을 구하고, 간구하고, 중보하며 회개하는 행위	하나님을 높이고, 감사하며 그분의 위대하심을 찬양
형식	말로 하는 대화, 도용한 묵상, 간구, 중보, 감사 등 다양	노래, 음악, 시편, 찬양곡을 통해 표현
초점	하나님께 나의 마음을 올려드리는 것	하나님의 위대하심과 영광을 선포하는 것
내용	간구, 중보, 회개, 감사 등 개인적인 내용 포함	하나님을 찬양하고 감사하며 그분의 속성을 선포하는 내용

4. 기도할 때 찬송을 활용하는 방법

첫째, 기도의 시작에서 찬송을 부르라.
- 찬송은 마음을 차분하게 하고, 하나님과의 교제를 깊게 만든다.

둘째, 기도 중간에 찬송 가사를 인용하라.
- 성경적 의미가 담긴 찬송 가사를 기도의 내용으로 삼아 하나님께 고백하라.

셋째, 기도가 막힐 때 찬송을 반복하라.
- 영적 침체나 무거운 상황에서도 찬송은 성령의 역사하심을 불러온다.

넷째, 기도의 응답과 감사를 찬송으로 올려라.
- 응답받은 기도 위에 감사의 찬송을 올릴 때 하나님께 더 깊은 영광을 돌리게 된다.

❖ 미래의 나(Future Self) 질문

찬양을 통해 하나님과 연결될 때 내 삶은 어떻게 역전될 것인가?

❖ 기도 기록(Prayer Journal)

오늘 기도 중 부른 찬송은 무엇인가?

....
....

찬송을 부르며 어떤 감동이 있었는가?

....
....

찬송을 통해 하나님께 올린 감사의 제목은 무엇인가?

....
....

❖ 기도로 선포하라.

주님,
찬송을 통해 주님을 더욱 깊이 예배하게 하소서.
기도할 때마다 찬송이 흘러나오게 하시고
환경과 상관없이 하나님을 높이는 찬양을 드리는 사람이 되게 하소서.
기도와 찬양이 함께 하는 삶을 살게 하소서.
예수님의 이름으로 기도합니다. 아멘!

Day 8
기도의 거장들에게서 배운다

1. 기도는 하나님의 뜻을 이루어가는 과정이다.

"너희에게 인내가 필요함은 너희가 하나님의 뜻을 행한 후에 약속하신 것을 받기 위함이라"(히브리서 10:36)

- 기도는 단순한 순간의 행위가 아니라, 하나님의 뜻을 이루어가는 과정이다.
- 성경 속 믿음의 사람들은 기도를 통해 하나님의 응답을 경험했고, 인생의 결정적 순간마다 기도의 능력을 체험했다.
- 그들의 태도와 삶은 오늘 우리에게 기도의 원리를 가르쳐 준다.

2. 성경 속 기도의 사람들 4인 4색

첫째, 하나님의 부르심을 따르는 기도: 한나

"서원하여 이르되 만군의 여호와여 만일 주의 여종의 고통을 돌보시고 나를 기억하사"(사무엘상 1:11상)

- 한나는 개인의 간구를 넘어 하나님의 계획과 연결된 기도를 드렸다.
- 그녀의 기도는 사무엘이라는 하나님의 사람을 통해 응답되었다.
- 내가 구하는 것이 하나님의 뜻과 연결되도록 기도하라.

둘째, 위기의 순간에 드리는 지혜의 기도: 에스더

"수산에 있는 유다인을 다 모으고 나를 위하여 금식하되 밤낮 삼 일을 먹지도 말고 마시지도 마소서"(에스더 4:16하)

- 에스더는 자기 민족의 생명을 걸고 금식하며 기도했고, 하나님의 인도하심을 구했다.
- 그녀의 기도는 민족 구원의 역사를 이루었다.
- 인생의 중대한 결정을 앞두고 있다면 하나님의 지혜를 구하며 기도로 준비하라.

셋째, 기도로 방향을 찾는 기도: 느헤미야

"내가 이 말을 듣고 앉아서 울고 수일 동안 슬퍼하며 하늘의 하나님 앞에 금식하며 기도하여"(느헤미야 1:4)

- 느헤미야는 무너진 성벽을 재건하기 전에 먼저 기도로 하나님 뜻을 구했다.
- 그는 기도 후 행동으로 옮겼고, 하나님의 인도하심을 경험했다.
- 계획하거나 결정을 내리기 전에 반드시 기도로 방향을 구하라.

넷째, 삶의 마지막 순간까지 기도하는 믿음: 스데반

"그들이 돌로 스데반을 치니 스데반이 부르짖어 이르되 주 예수여 내 영혼을 받으시옵소서 하고"(사도행전 7:59)

- 스데반은 핍박 속에서도 기도를 멈추지 않았다.
- 그의 마지막 기도는 훗날 사도 바울의 회심의 배경이 되었다.

- 어떤 상황에서도 끝까지 기도를 포기하지 말고 하나님의 뜻에 맡겨라.

3. 성경 속 기도의 사람들에게 배우는 기도의 원칙

- 한나처럼 기도를 통해 하나님의 뜻을 구하라.
- 에스더처럼 위기의 순간을 믿음으로 결단하며 기도하라.
- 느헤미야처럼 기도로 방향을 찾고 행동하라.
- 스데반처럼 어떤 상황에서도 기도의 끈을 놓지 말라.

✿ **미래의 나(Future Self) 질문**

기도의 거장들로부터 배운 기도가 나의 미래에 어떤 영향을 줄 것인가?

✿ **기도 기록(Prayer Journal)**

오늘 나는 어떤 기도의 태도를 배웠는가?

……………………………………………………………………………………
……………………………………………………………………………………

믿음의 선배들의 기도 중 내게 가장 필요한 태도는 무엇인가?

……………………………………………………………………………………
……………………………………………………………………………………

내가 오늘 하나님께 드릴 찬양과 감사의 제목은 무엇인가?

……………………………………………………………………………………
……………………………………………………………………………………

✿ **기도로 선포하라.**

주님,
성경 속 기도의 선배들에게서 배운 기도의 원리를 내 삶에서 실천하게 하소서.
나의 기도가 하나님 뜻과 연결되게 하시고
삶의 중요한 순간마다 하나님의 인도하심을 경험하게 하소서.
끝까지 기도를 놓지 않는 믿음의 사람이 되게 하시고
하나님 뜻을 먼저 구하는 기도의 사람이 되게 하소서.
예수님의 이름으로 기도합니다. 아멘!

Part 2

기도가 말해주는 미래의 나

내 안의 부르심과 가능성을 회복하라

— Day 9 ~ Day 17 —

기도는 내 안에 감춰진 부르심과 가능성을 깨우는 시간이다.
하나님이 심으신 사명과 잠재력은 기도할 때 회복된다.
이 여정은 기도로 무너진 자신을 다시 일으키고
하나님의 사람으로 변화되는 시간이다.
나는 기도 안에서 미래의 나를 발견하게 된다.

| 미래를 바꾸는 40일 기도 챌린지 |

Day 9. 전쟁터에 선 기도의 전사가 되다
Day 10. 미혹을 꿰뚫고 진리로 나아가다
Day 11. 하나님의 뜻을 구하는 전환점
Day 12. 중보기도로 누군가의 미래를 바꾸다
Day 13. 가정과 공동체를 회복하는 기도
Day 14. 금식기도로 돌파하라
Day 15. 기다림의 고통을 이겨내는 기도
Day 16. 하나님의 응답을 경험하다
Day 17. 침묵의 깊이로 하나님께 서다

Day 9
전쟁터에 선 기도의 전사가 되다

1. 영적 전쟁의 실재를 깨달아야 한다.

"우리의 씨름은 혈과 육을 상대하는 것이 아니요 통치자들과 권세들과 이 어둠의 세상 주관자들과 하늘에 있는 악의 영들을 상대함이라"(에베소서 6:12)
- 기도는 단순한 종교적 행위가 아닌 영적 전쟁에서 승리하는 강력한 무기다.
- 우리가 겪는 문제 중 많은 것은 보이지 않는 영적 전쟁의 결과일 수 있다.
- 사탄은 끊임없이 기도를 방해하고 성도의 삶을 무너뜨리려 하지만 기도하는 사람은 영적 전투에서 승리할 수 있다.

2. 영적 전투에서 승리하는 기도의 전략

첫째, 영적 전쟁을 인식하라.
"근신하라 깨어라 너희 대적 마귀가 우는 사자같이 두루 다니며 삼킬 자를 찾나니"(베드로전서 5:8)
- 우리 싸움은 눈에 보이는 상황이 아니라 영적 세계에서 벌어지는 싸움이다.

- 어떤 문제든 영적 전쟁의 요소가 있는지 분별하며 기도하라.

둘째, 기도의 강력한 무기를 사용하라.

"우리의 싸우는 무기는 육신에 속한 것이 아니요 오직 어떤 견고한 진도 무너뜨리는 하나님의 능력이라"(고린도후서 10:4)
- 기도는 사탄의 공격을 무너뜨리는 강력한 무기다.
- 매일 기도의 전신갑주를 입고 사탄의 공격을 대적하라.

셋째, 예수님의 이름으로 대적하라.

"예수 그리스도의 이름으로 내가 네게 명하노니 그에게서 나오라"(사도행전 16:18)
- 영적 전쟁에서 가장 강력한 무기는 예수님의 이름을 선포하는 것이다.
- 시험이나 두려움이 밀려올 때 "예수님의 이름으로 대적합니다"라고 담대히 선포하라.

넷째, 말씀의 검을 들고 싸우라.

"구원의 투구와 성령의 검 곧 하나님의 말씀을 가지라"(에베소서 6:17)
- 예수님도 광야에서 말씀으로 사탄의 시험을 이기셨다.
- 기도할 때 반드시 하나님의 말씀을 선포하며 기도하라.

다섯째, 기도로 영적 보호막을 세워라.

"시험에 들지 않게 깨어 기도하라"(마태복음 26:41)
- 기도하는 사람은 유혹과 시험 앞에서 무너지지 않는다.
- 하루를 시작하며 "오늘도 영적 전쟁에서 승리하게 하소서"라고 기도하라.

3. 사탄의 전략과 공격 방식

사탄은 하나님의 백성을 넘어뜨리기 위해 다양한 전략을 사용한다.

첫째, 의심과 불신을 심는다.
"뱀이 여자에게 이르되 너희가 결코 죽지 아니하리라"(창세기 3:4)
- 사탄은 에덴동산에서 하와에게 하나님의 말씀을 의심하게 했다. 오늘날에도 그는 우리의 믿음을 흔들고 하나님의 신실하심을 의심하게 만든다.

둘째, 죄와 유혹으로 미혹한다.
"오직 각 사람이 시험을 받는 것은 자기 욕심에 끌려 미혹됨이니"(야고보서 1:14)
- 사탄은 우리의 욕심을 자극하여 죄를 짓도록 유혹한다. 성경 속에서 다윗은 순간의 유혹에 넘어가 밧세바와의 죄를 범했다(사무엘하 11장). 하지만 요셉은 보디발의 아내의 유혹을 단호히 거절하고 하나님 앞에서 깨끗한 삶을 유지했다(창세기 39장).

셋째, 두려움과 낙심을 심어 믿음을 흔든다.
"두려워하지 말라 내가 너와 함께 함이라 놀라지 말라 나는 네 하나님이 됨이라 내가 너를 굳세게 하리라 참으로 너를 도와 주리라 참으로 나의 의로운 오른손으로 너를 붙들리라"(이사야 41:10)
- 사탄은 성도들에게 두려움과 염려를 심어 하나님의 약속을 믿지 못하도록 만든다.
- 엘리야는 이세벨의 협박을 받고 두려움에 빠져 도망쳤다(열왕기상 19장). 하지만 하나님은 그를 다시 세우셨다.

4. 영적 전투에서 승리하는 기도의 실천 전략

- 영적 전쟁임을 인식하고 깨어 있으라.
- 기도의 전신갑주로 무장하라.
- 예수님의 이름으로 대적하며 선포하라.
- 하나님의 말씀을 붙잡고 기도하라.
- 끊임없이 기도하며 영적 무장을 지속하라.

✿ **미래의 나(Future Self) 질문**
내가 기도의 전사로 서면 내 삶의 어떤 전쟁에서 승리하게 될 것인가?

✿ **기도 기록(Prayer Journal)**
오늘 나를 영적으로 공격했던 요소는 무엇인가?
....
....

어떤 말씀으로 사탄의 거짓을 물리칠 수 있었는가?
....
....

중보해야 할 대상(가족, 교회, 선교사 등)은 누구인가?
....
....

✿ **기도로 선포하라.**
주님,
오늘도 영적 전쟁에서 승리하는 기도의 사람이 되게 하소서.
사탄의 공격을 분별하게 하시고
기도의 전신갑주를 입고 날마다 승리하게 하소서.
예수님의 이름으로 모든 악한 영을 대적하며
하나님의 말씀을 붙잡고 믿음으로 전진하게 하소서.
예수님의 이름으로 기도합니다. 아멘!

Day 10
미혹을 꿰뚫고 진리로 나아가다
(사주, 점, 타로, 미신, 거짓 예언 등 영적 미혹을 분별하고 대적하는 기도)

1. 영적 미혹이란 무엇인가?

"예수께서 이르시되 너희가 사람의 미혹을 받지 않도록 주의하라 많은 사람이 내 이름으로 와서 이르되 내가 그로라 하여 많은 사람을 미혹하리라"(마가복음 13:5-6)

- 기도는 영적 미혹이란 사탄이 거짓된 가르침과 신비주의적 체험으로 성도들을 진리에서 벗어나게 하는 영적 공격이다.
- 성경은 마지막 때가 가까울수록 거짓 교사와 거짓된 영적 흐름이 강해질 것을 경고하고 있다(마태복음 24:24, 디모데전서 4:1).

2. 영적 미혹의 특징

- **진리를 가장한 거짓:** 마치 하나님께서 주신 것처럼 보이지만 성경의 가르침과 다르다.
- **감정과 신비체험을 강조:** 성경보다 개인적인 체험이나 감정적인 요소에 집

중하게 한다.
- **하나님의 말씀을 왜곡:** 성경을 부분적으로 인용하거나 잘못 해석하여 하나님을 왜곡한다.
- **자기중심적인 신앙 유도:** "내가 원하는 대로" 신앙생활을 하도록 유혹한다.
- **두려움과 조종을 사용:** 잘못된 신앙을 따르지 않으면 벌을 받을 것처럼 협박한다.

3. 성경이 경고하는 대표적 영적 미혹의 유형

첫째, 거짓 교리와 왜곡된 신학

"누가 철학과 헛된 속임수로 너희를 사로잡을까 주의하라 이것은 사람의 전통과 세상의 초등학문을 따름이요 그리스도를 따름이 아니니라"(골로새서 2:8)
- 성경보다 인간의 사상과 철학을 더 중요하게 여기며 왜곡된 복음을 가르치는 것이다.

둘째, 거짓 예언과 신비주의

"사랑하는 자들아 영을 다 믿지 말고 오직 영들이 하나님께 속하였나 분별하라 많은 거짓 선지자가 세상에 나왔음이라"(요한일서 4:1)
- 성경과 무관한 환상, 꿈, 예언을 강조하며 하나님이 직접 말씀하셨다고 주장한다. (대표적인 예: 성경적 근거 없이 개인적인 계시를 강요하는 집단)

셋째, 점술과 미신

"그의 아들이나 딸을 불 가운데로 지나게 하는 자나 점쟁이나 길흉을 말하는 자나 요술하는 자나 무당이나 진언자나 신접자나 박수나 초혼자를 너희 가운데에 용납하지 말라"(신명기 18:10-12)

- 점, 타로, 사주, 무속신앙, 부적, 풍수지리 등을 신앙과 연결하는 것이다.
- **대표적인 예:** 신년 운세 보기, 부적 사용, 운명론적 신앙이다.
- **복술자:** 미래를 예언하려고 점을 치는 자다.
- **길흉을 말하는 자:** 예언을 빙자하여 점을 치는 자다.
- **요술하는 자:** 마술과 주술을 행하는 자다.
- **무당:** 귀신(영)과 접촉하여 신내림을 받고 점을 치는 자다.
- **진언자:** 주문(만트라, 불교 염불, 힌두교 주문, 신비주의적 언어 기도)을 외우는 자다.
- **신접자:** 죽은 사람의 영혼(귀신)과 접촉(강신술, 혼령 소환, 오컬트, 위자보드[혼령을 부르는 판])하는 자, 점쟁이 등이다.

넷째, 극단적 율법주의와 방종주의

"율법의 선생이 되려 하나 자기가 말하는 것이나 자기가 확증하는 것도 깨닫지 못하는도다"(디모데전서 1:7)

- 율법을 강요하여 신앙을 행위로만 접근하거나, 반대로 죄에 대해 관대하여 마음대로 살아도 된다고 가르치는 것이다. 그 예로 구원을 위해 반드시 특정 행위를 해야 한다고 가르치는 율법주의, 반대로 죄를 지어도 회개할 필요 없다고 주장하는 극단적 자유주의가 있다.

다섯째, 기복신앙과 물질주의

"많은 사람이 내 이름으로 와서 이르되 나는 그리스도라 하여 많은 사람을 미혹하리라"(마태복음 24:5)

- 하나님을 이용해 부와 건강, 성공을 보장받으려는 것이다.

4. 왜 영적 미혹과 싸워야 하는가?

- 하나님은 점, 사주, 타로, 미신과 같은 행위를 단호히 금지하셨다.
- 사탄은 사람들에게 미래에 대한 불안감을 심어서 거짓된 힘을 의지하게 만든다.
- 기독교인은 하나님 외에 다른 영적 존재를 의지하는 것이 우상 숭배임을 깨달아야 한다.

■ 우리가 싸워야 할 영적 미혹

* **사주, 점, 타로:** 인간의 운명을 예측하려는 시도(하나님을 신뢰하지 않음).
* **무속 신앙, 미신:** 신비한 힘을 빌려서 삶을 조정하려는 행위(하나님 외의 존재에 의지).
* **거짓 예언과 신비주의:** 성경과 일치하지 않는 가르침과 신비 체험(거짓 영에 미혹됨).

5. 거짓된 영적 미혹을 분별하는 기준

- 성경과 일치하는가?
- 예수 그리스도를 높이는가, 다른 힘을 의지하게 하는가?
- 두려움과 조종이 있는가?
- 하나님을 더욱 신뢰하게 만드는가?

■ 점검 질문

　　※ 내가 무심코 믿고 따랐던 미신이나 점술이 있었는가?
　　※ 성경보다 점, 사주, 타로에 더 의지한 적은 없는가?
　　※ 지금 나는 영적 분별력을 키우기 위해 성경을 읽고, 기도하고 있는가?

6. 영적 미혹을 대적하는 기도

회개 기도

- "주님, 제가 하나님보다 다른 힘을 의지했던 죄를 회개합니다. 사주, 점, 타로, 미신, 거짓 예언에서 완전히 자유하게 하소서."

영적 보호를 위한 기도

- "하나님, 저와 제 가족, 교회를 거짓된 영적 공격에서 지켜 주소서. 오직 하나님의 진리만 따르게 하소서."

분별력을 구하는 기도

- "성령님, 항상 깨어 있게 하시고 거짓을 분별할 수 있는 지혜를 주소서. 하나님 말씀만 붙들게 하소서."

❋ **미래의 나(Future Self) 질문**
　진리 안에서 기도할 때 미혹이 사라진 나의 미래는 어떤 모습인가?

❋ **기도 기록(Prayer Journal)**
　오늘 내가 중보해야 할 사람은 누구인가?
　...
　...

　내가 끊어야 할 거짓된 영적 습관은 무엇인가?
　...
　...

　하나님께 더욱 집중하기 위해 무엇을 실천할 것인가?
　...
　...

❋ **기도로 선포하라.**
　주님,
　저를 거짓된 영적 미혹에서 보호하시고
　오직 하나님의 말씀만을 따르게 하소서.
　성령님의 인도하심으로 바른 길을 걷게 하시고
　세상의 속임수에 빠지지 않도록 분별력을 주소서.
　예수 그리스도의 이름으로 모든 거짓된 영적 세력을 대적하며
　하나님의 진리 가운데 승리하게 하소서.
　예수님의 이름으로 기도합니다. 아멘!

Day 11
하나님의 뜻을 구하는 전환점

1. 하나님의 뜻을 구하는 기도는 왜 중요한가?

첫째, 하나님 뜻은 우리의 생각보다 크고 완벽하기 때문이다.
 "이는 내 생각이 너희의 생각과 다르며 내 길은 너희의 길과 다름이니라 여호와의 말씀이니라"(이사야 55:8)
- 인간의 생각은 언제나 한계가 있지만 하나님의 계획은 더 크고 완전하다.
- 지금 내가 원하는 것이 이루어지지 않는다 해도 하나님은 반드시 더 좋은 길을 예비하고 계신다.
- 기도할 때 "주님, 제 뜻이 아니라 주님의 뜻이 이루어지기를 원합니다"라고 고백하라.

둘째, 하나님의 뜻을 구하는 기도는 영적 성장을 이끈다.
 "너희는 이 세대를 본받지 말고 오직 마음을 새롭게 함으로 변화를 받아 하나님의 선하시고 기뻐하시고 온전하신 뜻이 무엇인지 분별하도록 하라"(로마서 12:2)

- 내 뜻을 꺾고 하나님의 뜻을 구하는 과정에서 믿음과 영성이 자라난다.
- 기도는 내 계획을 포기하고 하나님의 계획을 받아들이는 훈련이며 그 안에서 진정한 변화가 일어난다.

셋째, 하나님의 뜻을 구하는 기도는 응답의 문을 연다.
"우리가 무엇이든지 구하는 바를 들으시는 줄을 안즉 우리가 그에게 구한 그것을 얻은 줄을 또한 아느니라"(요한일서 5:15)
- 자기 자신의 뜻을 이루려는 기도는 응답되지 않을 수 있지만 하나님 뜻대로 드리는 기도는 반드시 응답된다.
- 우리 계획보다 하나님의 뜻이 이루어질 때 더 크고 놀라운 일이 펼쳐진다.
- 하나님 뜻과 일치하는 기도를 드리기 위해 먼저 성경을 묵상하고 기도하라.

넷째, 예수님은 하나님의 뜻을 따르는 기도의 본을 보여주셨다.
"예수께서 이르시되 나의 양식은 나를 보내신 이의 뜻을 행하며 그의 일을 온전히 이루는 이것이니라"(요한복음 4:34)
- 예수님은 자신의 뜻보다 하나님 뜻을 이루는 것이 삶의 목적임을 직접 보여주셨다.
- 특히, 겟세마네 동산에서 십자가를 앞두고도 자신의 원이 아니라 하나님 뜻을 구하는 기도를 드리셨다.
- 기도할 때 하나님의 뜻이 무엇인지 먼저 묻고 순종하는 마음으로 기도하라.

2. 하나님의 뜻을 구하는 기도는 무엇이 다른가?

- 하나님의 뜻을 구하는 기도는 내 계획이 아니라 하나님의 계획으로 나아가는 성숙의 기도다.

- 성경은 **"이는 내 생각이 너희의 생각과 다르며 내 길은 너희의 길과 다름이니라 여호와의 말씀이니라"**(이사야 55:8)고 말씀하신다.
- 우리의 짧은 계산과 계획으로는 알 수 없는 길을 하나님은 준비하고 계신다.
- 내가 원하는 대로만 구하면 응답이 막힐 때가 많다. 그러나 하나님의 뜻에 맞춰 기도하면 반드시 응답의 문이 열린다.
- 하나님의 뜻을 구하는 기도는 내 삶의 주도권을 하나님께 내어드리는 믿음의 고백이며 그 안에서 평안과 자유를 누리게 된다.

3. 하나님 뜻을 구하는 기도는 어떻게 알 수 있는가?

첫째, 내 마음의 동기를 점검하라.
- 기도하는 이유가 하나님의 영광을 위한 것인지, 내 욕심에서 비롯된 것인지 분별해야 한다. 하나님은 기도의 내용을 듣기 전에 마음의 중심을 보신다.
- "이 기도가 내 욕심에서 비롯된 것인가, 하나님을 위한 것인가?" 매번 점검하라.

둘째, 하나님의 성품과 일치하는지 확인하라.
- 하나님의 뜻은 언제나 선하고 거룩하며, 사랑과 진리로 흐른다. 정직하지 못하거나 남을 해치는 계획이라면 하나님의 뜻이 아니다.
- "이 결정이 하나님의 성품과 맞는가?" 스스로에게 묻고 기도하라.

셋째, 시간이 지날수록 확신과 평안이 깊어지는가 살펴라.
- 하나님의 뜻이라면 시간이 지날수록 확신과 평안이 커진다. 그러나 시간이 지날수록 흔들리고 불안하다면 다시 점검해야 한다.

넷째, 하나님이 문을 여시는가, 닫으시는가 살펴라.
- 하나님이 원하시는 길이라면 자연스럽게 문이 열리고 여건이 맞아떨어진다. 억지로 밀어붙이지 말고 하나님이 여시는 문을 기다리라.

다섯째, 믿음의 공동체와 멘토의 조언을 들으라.
- 하나님의 뜻은 개인의 생각만이 아니라 공동체를 통해서도 확인된다. 믿음의 멘토와 함께 기도하고 하나님의 뜻을 나누어 보라.

4. 하나님의 뜻을 구하는 기도

- 기도 전에 내 동기를 점검하고 욕심이 아닌 하나님의 뜻을 구하라.
- 성경을 묵상하고 하나님의 성품과 일치하는지 확인하며 기도하라.
- 기도 후에도 시간이 지날수록 확신과 평안이 드는지 점검하라.
- 환경과 상황의 문이 열리고 닫히는 것을 잘 살피고 기다릴 줄 아는 믿음을 가져라.

❋ **미래의 나(Future Self) 질문**
하나님의 뜻대로 결정할 때 나의 미래는 어떤 방향으로 나아갈 것인가?

❋ **기도 기록(Prayer Journal)**
오늘 기도하며 하나님의 뜻을 구한 내용은 무엇인가?

....
....

기도 후 내 마음에 평안과 확신이 더해졌는가?

....
....

오늘 하나님의 뜻을 따라 순종하고 싶은 결단은 무엇인가?

....
....

❋ **기도로 선포하라.**
주님,
제 기도가 제 뜻이 아니라 하나님의 뜻을 구하는 기도 되게 하소서.
하나님의 계획이 저의 인생에서 이루어지도록 인도하시고
어떤 상황에서도 주님의 뜻을 신뢰하는 믿음을 주소서.
제 삶이 하나님의 계획과 일치하는 삶이 되기를 원합니다.
예수님의 이름으로 기도합니다. 아멘!

Day 12
중보기도로 누군가의 미래를 바꾸다

1. 중보기도란 무엇인가?

- '중보'란, 두 존재 사이에서 중간 역할을 하며 중재하는 것을 의미한다.
- '기도'란, 하나님께 간구하는 행위로 다른 사람을 위해 하나님께 간구하는 기도를 뜻한다.

"그러므로 너희 죄를 서로 고백하며 병이 낫기를 위하여 서로 기도하라 의인의 간구는 역사하는 힘이 큼이니라"(야고보서 5:16)

- 중보기도는 내 문제가 아니라 다른 사람의 문제를 가지고 하나님 앞에 나아가 간구하는 기도다.
- 중보자는 하나님과 사람 사이에 다리가 되어 누군가를 살리는 영적 통로가 된다.
- 진정한 중보기도는 사랑의 실천이며 하나님의 역사가 일어나게 하는 도구가 된다.
- 우리가 기도로 다른 사람을 위해 싸울 때 하나님은 그 기도를 통해 치유와 회복, 구원의 역사를 이루신다.

2. 다른 사람을 위한 기도는 왜 중요한가?

첫째, 중보기도는 사랑의 실천이다.

"사람이 친구를 위하여 자기 목숨을 버리면 이보다 더 큰 사랑이 없나니"(요한복음 15:13)

- 누군가를 위해 기도하는 것은 그를 사랑한다는 가장 큰 증거다.

둘째, 중보기도는 하나님의 뜻을 이루는 도구다.

"내 이름으로 일컫는 내 백성이 그들의 악한 길에서 떠나 스스로 낮추고 기도하여 내 얼굴을 찾으면 내가 하늘에서 듣고 그들의 죄를 사하고 그들의 땅을 고칠지라"(역대하 7:14)

- 중보기도를 통해 하나님의 계획과 회복이 이루어진다.

셋째, 중보기도는 영적 전쟁의 강력한 무기다.

"우리의 씨름은 혈과 육을 상대하는 것이 아니요 … 하늘에 있는 악의 영들을 상대함이라"(에베소서 6:12)

- 중보기도는 어둠의 세력과 맞서 싸우는 영적 무기가 된다.

3. 중보기도의 힘: 다른 사람을 위한 기도의 사명

첫째, 예수님이 지금도 우리를 위해 중보하신다.

"누가 정죄하리요 죽으실 뿐 아니라 다시 살아나신 이는 그리스도 예수시니 그는 하나님 우편에 계신 자요 우리를 위하여 간구하시는 자시니라"(로마서 8:34)

- 예수님은 지금도 하나님 우편에서 우리를 위해 기도하고 계신다.

- 우리는 예수님의 본을 따라 다른 사람들을 위해 기도하는 삶을 살아야 한다.
- 중보기도는 단순한 간구가 아니라 하나님 뜻을 이루기 위한 영적 사역이다.

둘째, 중보기도는 영적 전쟁에서 방패가 된다.

"하나님의 전신갑주를 입으라 … 모든 기도와 간구를 하되 항상 성령 안에서 기도하고 이를 위하여 깨어 구하기를 항상 힘쓰며 여러 성도를 위하여 구하라"(에베소서 6:11하, 18)

- 중보기도는 마귀의 공격을 막아내는 영적 방패 역할을 한다.
- 중보기도는 가족과 교회, 나라를 향한 영적 공격을 막아내는 보호막이 된다.
- 사탄은 기도하지 않는 사람을 공격하기 쉽지만 중보기도를 통해 우리는 다른 사람을 보호할 수 있다.
- 영적 전쟁터에서 누군가의 방패가 되어주는 기도를 하라.

셋째, 중보기도는 연약한 사람을 세운다.

"그러므로 내가 첫째로 권하노니 모든 사람을 위하여 간구와 기도와 도고와 감사를 하되"(디모데전서 2:1)

- 예수님께서는 베드로가 믿음에서 흔들릴 것을 미리 아시고 그를 위해 중보하셨다.
- 우리의 가족과 친구들도 신앙적으로 연약해질 때가 있다.
- 중보기도는 다른 사람의 믿음을 다시 세우는 강력한 힘이 있다.
- 신앙적으로 지쳐 있는 사람들을 위해 기도하라.

넷째, 중보기도는 하나님이 역사하시는 통로다.

"하나님은 한 분이시요 또 하나님과 사람 사이에 중보자도 한 분이시니 곧 사람이신 그리스도 예수라"(디모데전서 2:5)

- 하나님은 우리의 기도를 통해 다른 사람의 삶에 개입하신다.
- 중보기도는 단순한 의무가 아니라 하나님의 능력이 흘러가는 통로가 된다.
- 막연한 기도보다 구체적으로 기도하며 하나님의 역사를 기대하라.

4. 중보기도가 기적을 만든 성경적 사례

- 아브라함의 중보로 소돔에서 롯이 구원받았다(창세기 18:22-33).
- 모세의 기도로 이스라엘이 멸망을 면했다(출애굽기 32:11-14).
- 엘리야의 기도로 가뭄이 멈췄다(야고보서 5:17-18).
- 교회의 중보기도로 베드로가 감옥에서 풀려났다(사도행전 12:5-11).

5. 중보기도, 이렇게 실천하라.

첫째, 중보기도의 대상을 정하라.
- 가족, 교회, 나라, 선교사, 병든 자, 연약한 자 등의 명단을 만들고 매일 기도하라.

둘째, 구체적으로 기도하라.
- "잘되게 해주세요"가 아니라 필요한 부분과 상황을 명확히 하여 기도하라.

셋째, 중보기도의 응답을 기록하라.
- 응답의 흔적을 남기면 하나님의 역사하심을 분명히 확인할 수 있다.

넷째, 함께 기도할 사람들과 기도 모임을 만들어라.
- 중보기도는 혼자보다 함께할 때 더 큰 능력이 나타난다.

✿ **미래의 나(Future Self) 질문**
나의 중보기도는 누구의 인생과 미래를 변화시킬 것인가?

✿ **기도 기록(Prayer Journal)**
오늘 중보한 대상과 기도 제목은 무엇인가?
....
....

기도하는 중에 받은 감동이나 깨달음은 무엇인가?
....
....

계속해서 중보해야 할 대상과 제목은 무엇인가?
....
....

✿ **기도로 선포하라.**
주님,
오늘도 누군가를 위해 기도하는 중보자가 되게 하소서.
연약한 사람을 세우고, 가족과 교회를 지키는 영적 방패가 되게 하소서.
주님께서 역사하실 것을 믿고 기도하오니
하나님의 뜻이 이루어지게 하소서.
예수님의 이름으로 기도합니다. 아멘!

Day 13
가정과 공동체를 회복하는 기도

1. 가족과 공동체를 위한 기도는 중요한가?

"그러므로 내가 첫째로 권하노니 모든 사람을 위하여 간구와 기도와 도고와 감사를 하되, 임금들과 높은 지위에 있는 모든 사람을 위하여 하라"(디모데전서 2:1-2)

- 기도는 개인의 신앙생활에만 머물러서는 안 된다.
- 하나님이 세우신 가정, 교회, 나라를 위해 기도할 때 하나님의 뜻이 우리의 삶과 공동체, 이 땅 위에 이루어진다.

- 가정은 하나님이 주신 최초의 공동체이며, 교회는 하나님의 나라를 세워가는 믿음의 공동체다. 우리가 속한 사회와 나라 역시 하나님의 주권 아래 있기에 성도의 기도가 반드시 필요하다.
- 기도하는 가정은 무너지지 않고 기도하는 교회와 나라 위에 하나님의 보호와 회복의 은혜가 임한다.

2. 가정을 위한 기도는 왜 중요한가?

첫째, 부부를 위한 기도는 가정을 지키는 영적 접착제다.
- 부부 갈등은 감정으로 해결되지 않는다.
- 기도로 하나님께 맡길 때 사랑과 이해가 회복되고 부부 관계가 새로워진다.
- 배우자를 축복하며 기도하라.
- 갈등이 있을 때 감정이 앞서기보다 기도로 해결하라.
- 서로의 연약함을 하나님께 맡기고 중보하라.

둘째, 자녀를 위한 기도는 다음 세대를 세우는 기도다.
"이는 욥이 말하기를 혹시 내 아들들이 죄를 범하여 마음으로 하나님을 욕하였을까 함이라 욥의 행위가 항상 이러하였더라"(욥기 1:5하)

부모의 기도는 자녀의 삶을 하나님의 손에 올려드리는 가장 강력한 방법이다.
- 자녀가 하나님을 인격적으로 만날 수 있도록 기도하라.
- 자녀의 미래를 하나님께 맡기며 축복하라.
- 자녀가 세상의 가치가 아닌 하나님의 말씀을 따르는 삶을 살도록 중보하라.
- 욥은 자녀들을 위해 항상 기도하며, 그들의 영적 상태를 위해 중보했다.

3. 교회를 위한 기도는 왜 중요한가?

- 교회는 하나님의 나라를 이 땅 위에 세우는 거룩한 공동체다.
- 세상의 유혹과 공격 속에서도 교회가 흔들리지 않고 복음의 능력을 드러내기 위해서는 기도가 절대적으로 필요하다. 기도를 통해 교회는 더욱 견고해지고 하나님의 능력이 나타난다.

"내 집은 만민이 기도하는 집이라 일컬음이 될 것임이라"(이사야 56:7하)

- 교회는 하나님의 뜻을 이루기 위한 영적 전쟁터다.
- 교회가 말씀과 성령의 능력으로 충만하도록 기도하라.
- 교회의 지도자들이 하나님의 뜻을 따라 지혜롭게 사역하도록 중보하라.
- 교회가 세상의 빛과 소금의 역할을 감당하며 복음의 능력이 온전히 나타나도록 기도하라.

4. 나라와 사회를 위한 기도는 왜 중요한가?

- 하나님은 나라와 민족 위에 주권을 가지신 분이시다.
- 나라를 위한 기도를 결코 멈추지 말라. 기도하는 민족 위에 하나님의 역사가 있다.
- 우리가 사는 사회가 하나님의 뜻을 따르고 악이 승하지 않도록 기도할 때 하나님께서 이 땅을 다스리시고 역사하신다. 성도들이 깨어 기도할 때 하나님의 정의와 평강이 이 땅에 임하며 복음이 더욱 확장될 것이다.
- 나라의 지도자들이 하나님을 경외하며 공의롭게 다스리도록 기도하라.
- 우리 사회가 도덕적인 혼란과 불의에서 벗어나 하나님의 진리를 따르도록 중보하라.
- 국가와 민족이 하나님의 보호하심 속에서 평안을 누리도록 기도하라.

5. 가정과 공동체를 위한 기도

첫째, 가정을 위해 매일 기도하라.
● 배우자와 자녀의 이름을 불러 축복하며 기도하라.

둘째, 교회를 위해 중보하라.
● 목회자와 성도, 교회의 사명을 위해 기도하며 부흥을 위해 함께 중보하라.

셋째, 나라와 사회를 위해 기도하라.
● 지도자들이 하나님을 두려워하고 정의롭게 다스리도록 기도하라.

넷째, 가정과 공동체를 세우는 기도를 삶의 우선순위로 두라.
● 기도로 가정을 지키고, 교회를 세우고, 나라의 영적 회복을 구하라.

✤ **미래의 나(Future Self) 질문**
내 기도가 가정과 공동체의 미래를 어떻게 바꿀 것인가?

✤ **기도 기록(Prayer Journal)**
오늘 가족을 위해 기도한 내용은?

....
....

교회를 위해 중보한 기도 제목은?

....
....

나라와 지도자를 위해 기도한 내용은?

....
....

✤ **기도로 선포하라.**
주님,
저의 가정이 기도의 가정이 되게 하소서.
부부가 하나 되고, 자녀들이 하나님을 경외하게 하시고
교회가 하나님의 뜻을 이루는 공동체가 되게 하소서.
우리나라가 하나님의 정의와 평강으로 세워지게 하소서.
오늘도 가정과 공동체를 위해 기도하는 사람이 되겠습니다.
예수님의 이름으로 기도합니다. 아멘!

Day 14
금식기도로 돌파하라

1. 금식기도란 무엇인가?

"그들이 미스바에 모여 물을 길어 여호와 앞에 붓고 그날 종일 금식하고 거기에서 이르되 우리가 여호와께 범죄하였나이다 하니라"(사무엘상 7:6상)

- 금식기도는 음식을 끊는 것에 그치지 않고 온 마음과 시간을 하나님께 드리는 영적 헌신이다.
- 하나님께 집중하고 내 삶을 내려놓으며 하나님의 뜻을 구하는 믿음의 결단이다.
- 성경에서도 중대한 순간마다 하나님의 사람들은 금식하며 하나님의 뜻과 능력을 구했고, 오늘날 우리 역시 금식기도를 통해 영적 돌파와 회복, 응답의 은혜를 경험할 수 있다.

2. 금식기도의 다섯 가지 핵심 원리

첫째, 겸손과 회개의 기도다.
- 금식은 하나님 앞에서 자신을 낮추고, 죄를 회개하며 영적으로 새롭게 되는 과정이다(시편 35:13).
- 니느웨 백성은 심판을 피하기 위해 금식하며 회개했다(요나 3:5).
- 금식기도는 하나님께 철저히 자신을 낮추고, 죄를 씻는 영적 기회임을 기억하라.

둘째, 하나님의 뜻을 구하는 기도다.
- 금식기도는 중요한 결정을 앞두고 하나님의 인도하심을 구하는 영적 방법이다(사도행전 14:23).
- 느헤미야는 이스라엘의 회복을 위해 금식하며 하나님께 기도했다(느헤미야 1:4).
- 하나님의 뜻을 분별해야 할 때 금식하며 올바른 길을 구하라.

셋째, 영적 전쟁과 승리를 위한 기도다.
- 금식기도는 악한 영적 세력을 대적하고, 영적 돌파를 경험하는 강력한 무기다(마태복음 17:21).
- 우리의 싸움은 혈과 육에 대한 것이 아니라 어둠의 권세를 상대하는 영적 전쟁이다(에베소서 6:12).
- 영적 싸움이 치열할 때 금식하며 기도의 무기를 들고 싸워라.

넷째, 하나님의 능력을 간구하는 기도
- 금식은 하나님의 기름 부으심과 성령의 능력을 더욱 깊이 경험하는 과정이

다(사도행전 13:2-3).
- 하나님께서 기뻐하시는 금식은 결박을 풀고 억압된 자를 자유롭게 하는 것이다(이사야 58:6).
- 금식기도로 성령의 충만함과 하나님의 능력을 덧입어라.

다섯째, 하나님과의 깊은 교제를 위한 기도
- 금식은 음식을 끊는 대신 하나님과 더욱 친밀한 교제를 나누는 시간이다(마태복음 4:2,4).
- 예수님은 자신을 생명의 떡이라 하시며 하나님과의 관계가 진정한 양식임을 말씀하셨다(요한복음 6:35).
- 금식기도로 하나님과의 친밀한 교제를 진정 회복하고 말씀 속에서 생명을 얻어라.

3. 금식기도를 위한 준비 사항

첫째, 금식의 목적을 분명히 하라.
- 단순한 굶기가 아니라 하나님의 뜻을 더욱 분명히 깨닫기 위한 헌신적인 결단이다.
- 명확한 목적을 설정하면 금식하는 동안 집중력이 유지되고 영적 열매가 풍성해진다.
- 금식의 목적이 분명할수록 하나님께서 주시는 영적 성장이 더욱 깊어진다.

둘째, 금식 기간과 방식을 정하라.
- 1일, 3일, 7일, 21일, 40일 등 개인의 상황과 필요에 맞는 방법을 선택할 수 있다.

- 건강 상태를 고려하여 무리하지 않는 범위에서 금식하라.
- 장기 금식 시에는 반드시 전문가나 목회자의 상담을 받으라.
- 금식의 방법에는 완전 금식, 부분 금식, 특정 음식 제한 금식 등이 있으며, 개인의 영적 상태에 따라 선택할 수 있다.

셋째, 금식 중 말씀과 기도를 강화하라.
"사람이 떡으로만 살 것이 아니요 하나님의 입으로부터 나오는 모든 말씀으로 살 것이라"(마태복음 4:4중)
- 금식 중에는 성경을 깊이 묵상하고 기도 시간을 늘리며 찬양과 경배로 하나님께 나아가라.
- 금식 기간에 하루 세 장 이상의 성경을 읽고 묵상하라.
- 하나님과의 교제를 깊이 하며 그분의 음성을 듣는 시간을 가져라.

넷째, 금식 후의 회복과 결단을 준비하라.
- 금식이 끝난 후 받은 응답과 깨달음을 노트에 기록하라.
- 금식 후에도 변화된 기도 습관을 유지하라.
- 급하게 식사하지 말고 서서히 정상적인 식사로 돌아가라.
- 금식을 통해 경험한 영적 변화가 일상 속에서도 지속되도록 노력하라.

4. 금식 중 주의할 점

- 금식은 사람에게 보이기 위함이 아니라, 하나님께 집중하는 시간이다.
- 건강 상태를 반드시 고려하라(당뇨, 질병 환자는 전문가 상담 필수).
- 힘들다면 함께 금식할 동역자를 세우라.
- 금식 후에는 영적 성장과 변화가 일상으로 이어지도록 계획하라.

✤ **미래의 나(Future Self) 질문**
  금식기도를 통해 돌파될 나의 미래는 무엇인가?

✤ **기도 기록(Prayer Journal)**
  오늘 내가 실천한 금식의 유형은?

  ....

  금식 중에 하나님께 받은 깨달음은?

  ....

  금식하면서 집중적으로 기도한 내용은?

  ....

  금식 후에 하나님께서 주신 응답은?

  ....

✤ **기도로 선포하라.**
  주님, 금식을 통해 제 마음을 정결하게 하시고
  더욱 하나님께 가까이 나아가게 하소서.
  기도에 속히 응답하시고
  제 삶 속에 하나님의 뜻이 이루어지도록 금식의 시간을 통해 역사하소서.
  제가 더욱 주님을 의지하며 영적 성장을 이루도록 도와주소서.
  이 금식이 단순한 절제가 아니라
  하나님과 더욱 깊이 교제하는 시간이 되게 하소서.
  예수님의 이름으로 기도합니다. 아멘!

Day 15
기다림의 고통을 이겨내는 기도

1. 기도 응답을 기다리는 시간은 영적 훈련의 과정이다.

"오직 여호와를 앙망하는 자는 새 힘을 얻으리니 독수리의 날개치며 올라감 같을 것이요 달음박질하여도 곤비하지 아니하겠고 걸어가도 피곤하지 아니하리로다"(이사야 40:31)

- 기도의 응답이 지연될 때 우리는 고통스럽고 낙심하기 쉽다. 그러나 하나님은 응답을 늦추심으로써 우리의 믿음을 연단하시고 성숙하게 하시며 가장 선한 때를 준비하신다.
- 기다림은 낭비가 아니라 하나님이 역사하고 계신 시간임을 믿어야 한다.

2. 왜 하나님은 응답을 지연시키시는가?

하나님은 언제나 우리의 기도를 들으시지만, 우리가 원하는 방식과 타이밍대로 응답하시지는 않는다. 기도의 응답이 지연될 때 하나님께서는 우리의 신앙을 성장시키시고 더 좋은 것을 준비하시는 경우가 많다.

첫째, 믿음을 연단하기 위해 기다리게 하신다.

"믿음이 없이는 하나님을 기쁘시게 하지 못하나니 하나님께 나아가는 자는 반드시 그가 계신 것과 또한 그가 자기를 찾는 자들에게 상 주시는 이심을 믿어야 할지니라"(히브리서 11:6)

- 응답이 지연될 때 불평하기보다, 믿음을 더욱 굳건히 해야 한다.
- 믿음은 보이지 않는 것을 신뢰하는 것이며 기다리는 동안 더욱 강해진다.
- 질문:
  - * 응답이 없어도 하나님을 신뢰하는가? (단순히 기도 응답을 원하는 것이 아니라, 하나님을 더 깊이 신뢰하는가?)
  - * 응답이 올 때까지 흔들리지 않는가? (기도의 과정에서 믿음을 더욱 키우는가?)

둘째, 하나님의 때를 배우게 하시기 위해 기다리게 하신다.

"여호와 앞에 잠잠하고 참고 기다리라"(시편 37:7상)

- 우리의 때가 아니라 하나님의 때가 완벽하다. 기다림은 하나님의 주권을 인정하는 믿음의 고백이다.
- 하나님의 때를 기다리는 방법:
  - * 조급함을 내려놓고 하나님께 모든 것을 맡기라.
  - * 기도의 응답이 늦어질수록 더 깊이 하나님을 의지하라.
  - * 기도의 응답보다 하나님과의 관계를 더 중요하게 여기라.

셋째, 기도의 방향을 다시 점검하게 하신다.

"너희는 욕심을 내어도 얻지 못하여 살인하며 시기하여도 능히 취하지 못하므로 다투고 싸우는도다 너희가 얻지 못함은 구하지 아니하기 때문이요 구하여도 받지 못함은 정욕으로 쓰려고 잘못 구하기 때문이라"(야고보서 4:2-3)

- 기도의 응답이 늦어질 때 하나님이 우리의 기도를 조정하고 계실 수 있다.

- 내가 원하는 것이 아니라 하나님의 뜻에 맞는 기도를 드리고 있는지 점검해야 한다.
- 질문:
  * 내 기도 제목이 하나님의 뜻과 일치하는가?
  * 이 기도를 통해 하나님이 영광을 받으실까, 아니면 내 유익을 위한 것인가?

넷째, 감사와 신뢰의 태도를 배우게 하신다.

"범사에 감사하라 이것이 그리스도 예수 안에서 너희를 향하신 하나님의 뜻이니라"(데살로니가전서 5:18)

- 기다리는 과정이 힘들수록 감사하는 태도를 유지하는 것이 중요하다.
- 기도 응답이 늦어진다고 계속 불평하면 영적인 성장이 멈추고 시험에 빠지기 쉽다.
- 질문:
  * 기도 응답이 없어도 하나님께 감사할 수 있는가?
  * 현재 가진 것에 만족하며 기다리고 있는가?
  * 응답이 오지 않아도 기도할 수 있는 것 자체를 감사하는가?

다섯째, 하나님은 가장 선한 방법과 때로 응답하신다.

- **즉각적인 응답** ("Yes"): 하나님의 뜻과 일치할 때
- **기다리라는 응답** ("Wait"): 하나님의 때를 기다려야 할 때
- **다른 길로 인도하시는 응답** ("No"): 하나님의 더 좋은 계획이 있을 때

3. 기도 응답을 분별하는 기준 세 가지

첫째, 성경과 일치하는가?
- 하나님의 응답은 성경의 원칙과 절대 어긋나지 않는다. 말씀을 통해 응답의 방향을 점검하라.

둘째, 평안과 확신이 드는가?
- 하나님의 응답은 혼란이나 불안을 주지 않고 평안과 확신을 준다. 응답 속에 평안을 확인하라.

셋째, 환경과 상황이 자연스럽게 열리는가?
- 하나님은 응답의 때가 되면 길을 열어주신다. 억지로 밀지 말고 하나님이 여시는 문을 기다려라.

4. 기도 실천 가이드

- 응답이 늦어질수록 말씀 묵상과 기도를 멈추지 말라.
- 기도의 지연 속에서도 감사하는 마음을 잃지 말라.
- 하나님의 뜻과 맞는 기도인지 계속 점검하고 방향을 수정하라.
- 하나님이 하시는 일을 깨닫고 순종하며 기다려라.

✽ **미래의 나(Future Self) 질문**
기다림의 기도가 만들어낼 내 인생의 결과는 무엇인가?

✽ **기도 기록(Prayer Journal)**
지금 응답을 기다리는 기도 제목은?

....
....

기다림 속에서 하나님께 받은 깨달음은?

....
....

기다리는 동안 감사할 제목은?

....
....

✽ **기도로 선포하라.**
주님, 기도의 응답이 늦어질 때도 조급해하지 않고
하나님의 때를 신뢰하는 믿음으로 기다리게 하소서.
응답이 없어도 감사하며, 기다림의 시간 속에서도
하나님의 계획과 뜻을 깨닫는 사람이 되게 하소서.
저의 기도를 다듬어 주시고, 하나님의 뜻 안에서
응답의 은혜를 누리게 하소서.
예수님의 이름으로 기도합니다. 아멘!

Day 16
하나님의 응답을 경험하다

1. 하나님의 음성을 듣는 법

"내 양은 내 음성을 들으며 나는 그들을 알며 그들은 나를 따르느니라"(요한복음 10:27)
- 하나님은 오늘도 우리에게 말씀하시며 그분의 뜻을 깨닫도록 인도하신다.
- 하나님의 음성을 듣는 것은 신비한 경험이 아니라 하나님의 말씀을 통해 우리와 소통하시는 방식이다.
- 우리가 올바르게 듣고 순종할 때 하나님의 뜻을 따라 살아갈 수 있다.

그러나 오늘날 많은 신앙인이 거짓 예언, 신비주의, 감정적 체험에 쉽게 미혹되는 위험에 노출되어 있다. 특히 초신자들은 성경적 분별력을 갖추기 전에 비성경적인 영적 현상에 쉽게 빠질 수 있다. 따라서 하나님이 말씀하시는 네 가지 주요 방법을 바르게 이해하고 거짓된 미혹을 분별하는 기준을 함께 잘 배워야 한다.

이제 하나님이 말씀하시는 네 가지 방식을 배우고 그분의 음성을 분별하며 올바르게 따르는 법을 살펴보자.

2. 하나님이 말씀하시는 네 가지 방식

하나님은 다양한 방법으로 우리에게 말씀하신다. 때로는 직접적으로, 때로는 상황과 사람을 통해서 말씀하시며 우리가 하나님께 더욱 가까이 나아가길 원하신다.

첫째, 성경 말씀을 통해 응답하신다.
"모든 성경은 하나님의 감동으로 된 것으로 교훈과 책망과 바르게 함과 의로 교육하기에 유익하니"(디모데후서 3:16)
- 성경은 하나님 음성을 듣는 가장 확실한 방법이며 신앙과 삶의 기준이 된다.
- 기도하며 성경을 읽을 때 하나님께서 우리의 상황에 맞게 깨달음을 주신다.
- 성경 말씀은 우리의 감정이나 환경에 좌우되지 않는 절대적 진리이므로 무엇보다 우선하여 의지해야 한다.

■ 하나님의 말씀이 내게 주시는 메시지인지 분별하는 방법

- 성경을 읽을 때 특별히 내 마음에 강하게 와닿는 구절이 있는가?
- 기도한 주제와 관련된 말씀이 성경에서 반복적으로 나타나는가?
- 그 말씀이 성경 전체의 가르침과 일치하는가?
  (어떤 말씀도 성경 전체의 원리를 벗어나지 않는다.)

둘째, 성령님의 감동으로 응답하신다.

"보혜사 곧 아버지께서 내 이름으로 보내실 성령 그가 너희에게 모든 것을 가르치고 내가 너희에게 말한 모든 것을 생각나게 하시리라"(요한복음 14:26)

- 하나님은 성령님을 통해 우리의 마음속에 감동을 주시고 하나님의 뜻을 깨닫게 하신다.
- 성령님은 우리가 바른길을 가도록 인도하시며 마음속에서 평안 또는 경고의 느낌을 주신다.
- 어떤 결정을 내릴 때 성령님의 내적인 감동을 따라 순종해야 한다.

■ **성령님의 감동인지 분별하는 방법**

- 그 감동이 성경의 가르침과 일치하는가?
  (성령님은 절대로 성경과 반대되는 방향으로 인도하지 않으신다.)
- 평안을 주는가, 아니면 불안과 혼란을 주는가?
  (성령님의 인도하심은 늘 평안을 동반한다.)
- 같은 감동이 반복적으로 오는가?
  (성령님은 중요한 말씀을 반복하여 확증해 주신다.)

셋째, 환경과 상황을 통해 응답하신다.

"사람이 마음으로 자기의 길을 계획할지라도 그의 걸음을 인도하시는 이는 여호와시니라"(잠언 16:9)

- 하나님은 길이 열리거나 막히는 환경으로 응답하시기도 한다.
- 반복되는 상황이나 우연처럼 보이는 일 속에서도 하나님의 인도하심이 있다.

- **하나님 뜻인지 분별하는 방법**

● 계속해서 길이 열리는가, 아니면 막히는가?
  (하나님은 우리가 가야 할 길을 열어주시고 피해야 할 길은 막으신다.)
● 이 상황이 나를 더욱 하나님께 의지하게 하는가?
  (하나님의 뜻은 늘 믿음의 성장을 동반한다.)
● 우연처럼 보이지만 반복되는 메시지가 있는가?
  (같은 주제가 반복되면 하나님이 특정한 방향으로 인도하고 계신 것이다.)

넷째, 사람을 통해 응답하신다.
"**철이 철을 날카롭게 하는 것 같이 사람이 그의 친구의 얼굴을 빛나게 하느니라**"(잠언 27:17)
● 영적으로 성숙한 사람들의 조언과 권면을 통해 하나님은 말씀하신다.
● 반복되는 조언 속에 하나님의 뜻이 담겨 있을 수 있다.
● 그 조언이 성경의 가르침과 일치하는가?
● 그 말을 듣고 평안한가, 아니면 마음에 찜찜함이 있는가?
● 여러 명의 신앙적인 사람이 같은 메시지를 반복해서 주는가?

✣ **미래의 나(Future Self) 질문**
하나님의 응답을 경험할 때 내 삶은 어떻게 변화될 것인가?

✣ **기도 기록(Prayer Journal)**
오늘 하나님께서 내게 주신 말씀은?

....
....

기도 중에 받은 감동이나 깨달음은?

....
....

하나님의 뜻을 더욱 분명히 알기 위해 해야 할 것은?

....
....

✣ **기도로 선포하라.**
주님,
오늘도 저에게 말씀해 주옵소서.
성경을 통해, 성령님의 감동으로, 환경과 사람들을 통해
하나님의 뜻을 분명히 알게 하시고 그 뜻에 순종하게 하소서.
저의 생각과 욕심이 아니라 하나님의 음성에 집중하게 하시고
하나님이 여시는 길을 따라 담대히 걸어가게 하소서.
예수님의 이름으로 기도합니다. 아멘!

Day 17
침묵의 깊이로 하나님께 서다

1. 침묵 기도의 의미와 필요성

"너는 하나님 앞에서 함부로 입을 열지 말며 급한 마음으로 말을 내지 말라 하나님은 하늘에 계시고 너는 땅에 있음이니라 그런즉 마땅히 말을 적게 할 것이라"(전도서 5:2)

- 침묵 기도는 말을 멈추고 하나님의 음성을 듣는 기도다.
- 내 생각과 감정을 내려놓고 하나님의 임재 앞에 잠잠히 머무르는 시간이다.
- 우리의 기도는 요청과 간구만이 아니라 하나님과 깊은 교제를 이루는 시간이 되어야 한다.
- 오늘날 우리는 끊임없는 소음 속에서 살아간다. 휴대폰 알림, 소셜 미디어, 업무, 인간관계 등 모든 것이 우리의 주의를 빼앗고 있다. 하지만 기도는 하나님과의 교제이며 그분의 뜻을 듣는 것이 포함되어야 한다.
- 침묵 기도는 하나님 앞에서 기다리는 법을 배우고 그분의 인도하심을 깊이 경험하는 시간이다.

2. 왜 침묵 기도가 강력한가?

첫째, 침묵은 하나님께 집중하는 최고의 방법이다.
"내가 내 파수하는 곳에 서며 성루에 서리라 그가 내게 무엇이라 말씀하실는지 기다리고 바라보며 내가 내 질문에 대하여 어떻게 대답하실는지 보리라 하였더니"(하박국 2:1)
- 침묵 기도는 하나님께 더 집중하는 기도다.
- 우리가 조용히 하나님의 임재 안에 머물 때 더 깊은 영적 회복이 일어난다.
- 하나님은 우리가 침묵할 때 더 깊은 깨달음을 주신다.

둘째, 침묵 기도는 예수님의 기도 습관이었다.
- 예수님도 침묵 가운데 하나님과 깊이 교제하셨다.
- 침묵은 영혼의 휴식이며 하나님의 뜻을 듣는 영적 통로다.
- 예수님께서는 종종 한적한 곳에 가셔서 조용히 기도하셨다(누가복음 5:16).
- 감람산에서 홀로 기도하시며 하나님과 깊은 대화를 나누셨다(마태복음 26:39).
- 기도 중 말이 많아질 때 잠시 침묵하고, 하나님 앞에 머무르는 시간을 가져라.

3. 침묵 기도를 실천하는 방법

첫째, 조용한 공간을 마련하라.
"너는 기도할 때에 네 골방에 들어가 문을 닫고 은밀한 중에 계신 네 아버지께 기도하라"(마태복음 6:6상)
- 소음을 차단하고 방해받지 않는 공간에서 침묵하라.
- 마음의 분주함도 내려놓고 하나님께 집중하라.

둘째, 말씀을 묵상하며 침묵하라.

"내가 주의 법도들을 작은 소리로 읊조리며 주의 길들에 주의하며"(시편 119:15)

- 침묵 전에 성경 한 구절을 묵상하고 마음에 새기라.
- 말씀을 붙들고 하나님의 음성을 기다리라.

셋째, 떠오르는 생각을 하나님께 올려드려라.

"여호와 앞에 잠잠하고 참고 기다리라 자기 길이 형통하며 악한 꾀를 이루는 자 때문에 불평하지 말지어다"(시편 37:7)

- 침묵 중 잡생각이 떠오르면 억지로 지우려 하지 말고 기도로 전환하라.
- 떠오르는 감정과 생각도 하나님 앞에 올려드리라.

넷째, 조급함을 내려놓고 기다려라.

"우리가 선을 행하되 낙심하지 말지니 포기하지 아니하면 때가 이르매 거두리라"(갈라디아서 6:9)

- 응답을 기대하기보다 하나님의 임재 안에 머무는 것이 목적임을 기억하라.
- 침묵 속에서 하나님이 일하심을 믿고 기다리라.

다섯째, 침묵 속에서 잡생각을 이기는 훈련을 하라.

- 잡생각이 들면 성경 말씀으로 다시 마음을 돌려라.
- 짧은 기도로 다시 하나님께 집중하라.
- 반복할수록 침묵 기도가 깊어진다.

4. 침묵 기도와 명상의 차이점

일부에서는 침묵 기도가 기독교 명상과 혼동되거나, 비기독교적인 명상과 같다고 오해하기도 한다. 그러나 성경에서 말하는 침묵 기도는 하나님께 집중하는 것이며 세속적 명상과는 본질에서 다르다.

■ **침묵 기도와 비기독교 명상의 차이**

- 침묵 기도는 하나님과의 교제에 집중하며 성경 말씀을 묵상하는 시간이다.
- 비기독교 명상은 자기 자신이나 공허한 상태에 집중하며 신과의 관계가 아닌 내면의 평화를 추구한다.

■ **경계해야 할 사항**

- 하나님의 말씀 없이 단순히 '조용함'만을 추구하는 것은 피하라.
- 자신의 감정이나 내면의 음성이 아니라 성경과 성령님의 인도하심을 기준으로 삼아라.
- 침묵 기도 중 하나님의 뜻과 다른 생각이 들 때 즉시 성경을 기준으로 점검하라.

5. 침묵 기도를 통해 얻게 되는 유익

- 영적 민감성이 높아지고 하나님의 음성이 더 분명히 들린다.
- 내면의 평안을 경험하고 기도의 방향성을 찾는다.
- 하나님과의 친밀함이 깊어진다.

❉ **미래의 나(Future Self) 질문**
  침묵 속에서 하나님과 만날 때, 나의 미래는 어떤 깊이로 나아갈 것인가?

❉ **기도 기록(Prayer Journal)**
  오늘 침묵 기도 중 하나님께서 주신 감동은?

  ....
  ....

  침묵 속에서 깨달은 하나님의 뜻은?

  ....
  ....

  내가 내려놓아야 할 생각이나 감정은?

  ....
  ....

❉ **기도로 선포하라.**

  주님,
  침묵 가운데 주님의 음성을 듣게 하소서.
  제 생각과 감정을 내려놓고 온전히 하나님께 집중하게 하시고
  바쁜 일상 속에서도 하나님의 뜻을 기다리는 사람이 되게 하소서.
  조급함을 버리고
  하나님이 말씀하실 때까지 기다릴 수 있는 믿음을 주소서.
  예수님의 이름으로 기도합니다. 아멘!

Part 3

성령의 인도 속으로

깊은 기도로
미래를 향해 나아가라

— Day 18 ~ Day 27 —

기도가 깊어질수록
나는 성령의 인도 속으로 들어가게 된다.
성령께서 내 삶의 장애물을 제거하시고
하나님의 뜻으로 이끄시는 것을 경험하게 된다.
이 여정은 내 안의 영적 비늘을 벗기고
성령의 능력으로 새롭게 태어나는 시간이다.
나는 기도로 깊어지고 하나님의 사람으로 다듬어지게 된다.

| 미래를 바꾸는 40일 기도 챌린지 |

Day 18. 성령의 길을 따라 걷다
Day 19. 방언의 신비를 경험하다
Day 20. 영적 장애물을 제거하다
Day 21. 고난 속에서 하나님의 음성을 듣다
Day 22. 하나님, 이번엔 정말 약속합니다
Day 23. 영적 비늘을 벗고 새 눈을 뜨다
Day 24. 막힌 기도의 이유를 발견하다
Day 25. 안수기도로 권세 아래 서다
Day 26. 용서로 기도의 길을 열다
Day 27. 예수님의 피로 저주를 끊다

Day 18
성령의 길을 따라 걷다

1. 성령님의 인도하심을 받는 기도의 중요성

"너희가 육신대로 살면 반드시 죽을 것이로되 영으로써 몸의 행실을 죽이면 살리니 무릇 하나님의 영으로 인도함을 받는 사람은 곧 하나님의 아들이라"(로마서 8:13-14)

- 기도는 내 힘으로 하는 것이 아니라 성령님의 인도하심으로 하는 것이다.
- 성령님은 우리의 연약함을 아시고 하나님의 뜻대로 기도하게 도우신다.
- 성령을 따라 기도할 때 비로소 내 욕심이 아닌 하나님의 계획과 뜻을 구하는 기도가 된다.

2. 왜 성령을 따라 기도해야 하는가?

- 성령님은 우리의 연약함을 돕는 분이시다.

"이와 같이 성령도 우리의 연약함을 도우시나니 우리는 마땅히 기도할 바를 알지 못하나 오직 성령이 말할 수 없는 탄식으로 우리를 위하여 친히 간구하시

느니라"(로마서 8:26)
- 우리는 무엇을 어떻게 기도해야 할지 모를 때가 많다.
- 성령님은 우리의 부족한 기도를 대신하시고 하나님의 뜻에 맞게 기도하도록 인도하신다.
- 기도할 때에 "성령님, 제가 무엇을 기도해야 할지 인도해 주세요"라고 고백하라.

3. 성령을 따라 기도하는 방법

첫째, 성령 충만을 구하며 기도하라.
"술 취하지 말라 이는 방탕한 것이니 오직 성령으로 충만함을 받으라"(에베소서 5:18)
- 기도 전 성령 충만을 먼저 구하라.
- 성령 충만할 때 우리의 기도는 능력을 얻고 방향을 잡는다.
- 기도 시작 전에 "성령님으로 충만하게 하소서"라고 선포하라.

둘째, 하나님의 뜻을 구하며 기도하라.
"너희가 내 안에 거하고 내 말이 너희 안에 거하면 무엇이든지 원하는 대로 구하라 그리하면 이루리라"(요한복음 15:7)
- 성령을 따라 기도한다는 것은 내 욕심이 아니라 하나님 뜻을 구하는 것이다.
- 성경 말씀을 묵상하고 말씀 안에서 기도 제목을 찾으라.
- 기도 중 "주님, 저의 뜻이 아니라 하나님의 뜻이 이루어지기를 원합니다"라고 선포하라.

셋째, 기도 중 성령님의 감동에 순종하라.

"보혜사 곧 아버지께서 내 이름으로 보내실 성령 그가 너희에게 모든 것을 가르치고 내가 너희에게 말한 모든 것을 생각나게 하리라"(요한복음 14:26)
- 기도 중에 떠오르는 사람이나 상황이 있다면 즉시 기도하라.
- 해결되지 않은 문제나 떠오르는 감동은 성령님의 인도하심일 수 있다.
- 기도 중에 떠오르는 감동을 놓치지 말고 바로 기도로 올려드리라.

넷째, 방언 기도로 깊은 영적 교제를 하라.

"그러면 어떻게 할까 내가 영으로 기도하고 또 마음으로 기도하며 내가 영으로 찬송하고 또 마음으로 찬송하리라"(고린도전서 14:15)
- 방언 기도는 성령님이 우리의 영을 통해 직접 기도하게 하시는 능력이다.
- 이성으로 알 수 없는 깊은 차원의 기도를 성령께서 이끌어 주신다.
- 방언 은사가 있다면 방언으로 기도하고, 없다면 성령 충만을 간구하며 마음의 감동을 따라 기도하라.

4. 성령을 따라 기도할 때의 유익

- 기도의 방향이 뚜렷해진다.
- 막연한 기도가 아니라 하나님의 뜻을 향해 나아가는 기도가 된다.
- 기도의 능력이 강력해진다.
- 성령의 도우심으로 능력 있는 기도를 경험하게 된다.
- 응답의 확신이 생긴다.
- 성령이 인도하신 기도는 반드시 응답되는 확신을 갖게 된다.
- 하나님의 뜻과 사람의 생각을 분별하는 힘이 생긴다.

✿ **미래의 나(Future Self) 질문**
성령님이 인도하시는 대로 걷는다면, 나의 미래는 어디로 향할 것인가?

✿ **기도 기록(Prayer Journal)**
오늘 기도 속에서 성령님께서 주신 감동은?

....
....

성령님의 인도하심으로 깨달은 하나님의 뜻은?

....
....

기도 중 떠오른 성경 구절이나 하나님께서 주신 말씀은?

....
....

✿ **기도로 선포하라.**
주님,
오늘 저의 기도를 성령님께서 인도하여 주옵소서.
제 뜻이 아니라 하나님의 뜻을 구하는 기도를 드리게 하소서.
기도 중에 주시는 감동을 놓치지 않고 순종하게 하소서.
성령 충만한 기도로 하나님의 능력을 경험하게 하소서.
오늘도 성령님의 인도하심을 따라 걷는 하루 되게 하소서.
예수님의 이름으로 기도합니다. 아멘!

Day 19
방언의 신비를 경험하다

1. 방언 기도는 무엇인가?

'방언'(方言, Tongues)이란 성령의 역사로 자신의 이해를 초월한 영적 언어로 하나님께 기도하거나 말하는 것이다.

성경은 방언을 성령의 은사로 소개하며 개인의 영적 성장과 교회의 유익을 위해 주어졌다고 말한다.

첫째, 방언은 성령이 주시는 은사다.
"이 소리가 나매 큰 무리가 모여 각각 자기의 방언으로 제자들이 말하는 것을 듣고 소동하여 다 놀라 신기하게 여겨 이르되 보라 이 말하는 사람들이 다 갈릴리 사람이 아니냐 우리가 우리 각 사람이 난 곳 방언으로 듣게 되는 것이 어찌 됨이냐"(사도행전 2:6-8)
- 사도행전 2장에서 제자들이 성령을 받고 여러 나라의 언어로 말하며 듣는 사람들이 자신의 언어로 이해했다. 이는 복음을 전하는 도구로 사용되었다.

둘째, 방언은 하나님과의 영적 교통이다.

"방언을 말하는 자는 사람에게 하지 아니하고 하나님께 하나니 이는 알아 듣는 자가 없고 영으로 비밀을 말함이라"(고린도전서 14:2)
- 방언 기도는 사람에게가 아니라 오직 하나님께 드리는 기도다.
- 우리의 이성과 한계를 넘어 하나님과 깊은 영적 교제를 이루게 된다.

셋째, 방언 기도는 우리의 영을 세운다.

"방언을 말하는 자는 자기의 덕을 세우고 예언하는 자는 교회의 덕을 세우나니"(고린도전서 14:4)
- 방언은 영적 피로를 회복하고 영을 강건하게 세우는 기도다.
- 방언 기도는 하나님의 비밀을 말하며 내 영을 세우는 기도임을 기억하라.

2. 방언 기도의 유익

첫째, 하나님의 뜻대로 깊이 기도할 수 있다.

"우리는 마땅히 기도할 바를 알지 못하나 오직 성령이 말할 수 없는 탄식으로 우리를 위하여 간구하시느니라"(로마서 8:26하)
- 방언 기도는 우리 이해를 넘어 성령님이 하나님의 뜻대로 기도하게 하신다.

둘째, 기도의 지속성과 깊이를 더해준다.

"그러면 어떻게 할까 내가 영으로 기도하고 또 마음으로 기도하며 내가 영으로 찬송하고 또 마음으로 찬송하리라"(고린도전서 14:15)
- 일반적인 기도는 우리의 생각과 감정에 따라 길어질 수도 있고 짧아질 수도 있다.
- 하지만 방언 기도를 할 때는 우리의 감정이나 상황에 영향을 받지 않고 꾸준

히 기도하게 하는 힘이 된다.

셋째, 영적 전쟁에서 강력한 무기가 된다.
"우리의 싸우는 무기는 육신에 속한 것이 아니요 오직 어떤 견고한 진도 무너뜨리는 하나님의 능력이라"(고린도후서 10:4상)
- 방언은 영적 전쟁에서 견고한 진을 무너뜨리는 하나님의 무기다.
- 기도가 막힐 때 방언으로 기도하며 영적 전쟁의 무기로 삼으라.

3. 방언 기도의 실제 적용 방법

첫째, 성령 충만을 구하며 방언 기도를 시작하라.
"너희가 악할지라도 좋은 것을 자식에게 줄 줄 알거든 하물며 너희 하늘 아버지께서 구하는 자에게 성령을 주시지 않겠느냐"(누가복음 11:13)
- 성령 충만을 간구하고 방언의 은사를 구하며 기도하라.
- 방언 기도는 성령님이 주시는 것이므로 강요나 억지가 아니라 성령님의 인도하심을 따라야 한다.
- 마음속에서 자연스레 나오는 언어를 두려워하지 말고 믿음으로 기도하라.

둘째, 방언 기도를 꾸준히 지속하라.
"쉬지 말고 기도하라"(데살로니가전서 5:17)
- 방언 기도는 꾸준히 할수록 더 깊어지고 능력이 나타난다.
- 시간을 정해 꾸준히 방언 기도를 드리며 성령님과의 교제를 지속하라.
- 하나님의 임재를 경험하며 기도 속에서 더욱 자유로워질 것이다.

셋째, 영적 전쟁과 신앙 성장에 활용하라.
- 매일 정해진 시간에 방언 기도를 실천하며 영적 내공을 키워가라.
- 기도 시간이 짧거나 집중이 어려울 때 방언 기도로 기도의 흐름을 유지하라.
- 하나님께서 주시는 감동을 따라 방언 기도를 하며 성령의 임재를 경험하라.

4. 방언에 대한 균형 있는 이해

첫째, 방언은 성령의 은사 중 하나다.
- 모든 사람에게 강요할 수 없으며 성령께서 뜻하시는 자에게 주시는 은사다.
- 방언이 없다고 해서 성령 충만하지 않은 것이 아니다(고린도전서 12:30).

둘째, 공예배에서의 방언사용은 질서를 지켜야 한다.
  "만일 통역하는 자가 없으면 교회에서는 잠잠하고 자기와 하나님께 말할 것이요"(고린도전서 14:28)
- 방언은 공동체 안에서는 질서와 통역의 원칙을 따라야 한다.

셋째, 방언이 없더라도 신앙과 영적 성장은 충분히 가능하다.
- 성경 묵상, 찬양, 공동체 안에서의 교제를 통해서도 충분히 성령 충만을 누릴 수 있다.

■ 방언을 강조하는 교회

　※ 방언을 성령의 은사로 받아들이며 개인 기도와 공동체 예배에서 적극적으로 활용한다.
　※ 방언을 성령 충만의 한 가지 증거로 해석하는 경향이 있다.

＊ 성경에서 방언 기도를 강조한 부분(고린도전서 14장)을 적용하여 실천한다.

- **방언을 신중하게 보는 교회**

  ＊ 방언이 초대교회 당시에 특정한 목적(복음 전파, 성령의 역사적 표적)으로 주어졌으며 오늘날에는 그 역할이 다를 수 있다고 해석한다.

넷째, 방언에 거부감을 가진 사람을 대할 때
- 방언을 강조하지 않고 하나님과의 관계에 집중하도록 하라.
- 신앙 성장에는 다양한 방식이 있음을 알려주라.
- 방언이 성령의 유일한 역사 방식이 아니며 모든 신자가 반드시 체험해야 하는 것은 아니다.

❋ **미래의 나(Future Self) 질문**
방언으로 기도할 때 내 삶에서 일어날 신비한 변화는 무엇인가?

❋ **기도 기록(Prayer Journal)**
오늘 방언 기도 중 하나님께서 주신 감동은?

....
....

방언 기도 후 느낀 성령님의 임재와 깨달음은?

....
....

앞으로 방언 기도를 더욱 깊이 실천하기 위해 해야 할 것은?

....
....

❋ **기도로 선포하라.**
주님,
오늘도 성령님의 인도하심을 따라 기도하게 하소서.
제 이성과 생각을 넘어, 방언 기도를 통해 하나님과 깊이 교제하게 하소서.
방언 기도를 통해 기도의 능력을 더욱 체험하며
하나님의 뜻을 이루는 강력한 기도가 되게 하소서.
오늘도 방언 기도를 통해 성령 충만을 경험하게 하소서.
예수님의 이름으로 기도합니다. 아멘!

Day 20
영적 장애물을 제거하다

1. 왜 기도 응답이 막히는가?

"여호와의 손이 짧아 구원하지 못하심도 아니요 귀가 둔하여 듣지 못하심도 아니라 오직 너희 죄악이 너희와 너희 하나님 사이를 갈라 놓았고 너희 죄가 그의 얼굴을 가리어서 너희에게서 듣지 않으시게 함이니라"(이사야 59:1-2)

- 하나님은 언제나 우리의 기도를 들으신다. 그러나 기도가 응답되지 않거나 지연되는 이유는 우리 안에 해결해야 할 영적 장애물이 있기 때문이다.
- 하나님과 관계가 막히면 기도 능력도 약해지고 응답의 문도 닫힌다.
- 응답을 가로막는 영적 장애물을 제거하고 하나님과의 소통을 회복하라.

2. 기도 응답을 막는 다섯 가지 영적 장애물

첫째, 회개하지 않는 죄

"내가 나의 마음에 죄악을 품었더라면 주께서 듣지 아니하시리라"(시편 66:18)

- 숨겨진 죄나 반복적인 죄를 회개하지 않으면 기도의 길이 막힌다.
- 죄는 하나님과의 관계를 단절시키는 가장 큰 장애물이다.
- 질문:
    * 내 안에 해결하지 않은 죄가 있는가?
    * 하나님께서 깨닫게 하신 죄를 즉시 회개했는가?

둘째, 믿음 부족과 의심

"오직 믿음으로 구하고 조금도 의심하지 말라 의심하는 자는 마치 바람에 밀려 요동하는 바다 물결 같으니"(야고보서 1:6)

- 기도는 믿음으로 드려야 능력이 있다. 의심은 기도의 힘을 빼앗는다.
- 하나님의 신실하심을 끝까지 신뢰해야 한다.
- 질문:
    * 기도할 때 하나님이 반드시 응답하신다는 믿음을 가지고 있는가?

셋째, 용서하지 않는 마음

"서서 기도할 때에 아무에게나 혐의가 있거든 용서하라 그리하여야 하늘에 계신 너희 아버지께서도 너희 허물을 사하여 주시리라"(마가복음 11:25)

- 미움과 원망을 품은 채 드리는 기도는 응답되지 않는다.
- 용서하지 않으면 하나님과의 교제가 막히고 기도의 능력도 사라진다.
- 질문:
    * 내 안에 미워하고 용서하지 못한 사람이 있는가?
    * 하나님 앞에서 용서를 결단했는가?

넷째, 이기적이고 욕심으로 드리는 기도

"구하여도 받지 못함은 정욕으로 쓰려고 잘못 구하기 때문이라"(야고보서 4:3)

- 기도의 목적이 나의 욕심과 유익을 위한 것이라면 막힌다.
- 하나님의 영광을 구하는 기도가 응답받는다.
- 질문:
    * 지금 내가 드리는 기도가 하나님의 뜻과 일치하는가, 아니면 내 욕심을 채우기 위한 기도인가?

다섯째, 하나님보다 세상을 더 사랑하는 마음

"이 세상이나 세상에 있는 것들을 사랑하지 말라 누구든지 세상을 사랑하면 아버지의 사랑이 그 안에 있지 아니하니"(요한일서 2:15)
- 세상의 성공, 재물, 사람의 인정에 마음을 빼앗기면 하나님과 멀어진다.
- 하나님이 내 삶의 최우선이 되어야 기도가 살아난다.
- 질문:
    * 내 삶에서 하나님보다 더 중요하게 여기는 것이 있는가?

3. 기도의 장애물을 제거하는 실제 적용

- 하나님 앞에서 정직하게 내 영적 상태를 돌아보라.
- 숨겨진 죄가 있다면 진심으로 회개하라.
- 믿음을 점검하고 의심을 버리라.
- 원망과 미움을 내려놓고 용서하라.
- 욕심과 자기 중심적 기도를 버리고 하나님의 뜻을 구하라.
- 하나님을 삶의 가장 중요한 우선순위로 세우라.

❊ **미래의 나(Future Self) 질문**
  내 삶의 영적 장애물이 사라진다면 어떤 미래가 기다리고 있는가?

❊ **기도 기록(Prayer Journal)**
  오늘 기도 응답을 방해했던 장애물은 무엇인가?

  ....
  ....

  이 장애물을 극복하기 위해 내가 실천해야 할 것은?

  ....
  ....

  하나님께서 주신 응답을 기다리며 감사할 수 있는 부분은?

  ....
  ....

❊ **기도로 선포하라.**
  주님, 기도의 장애물을 제거하게 하소서.
  숨겨진 죄를 회개하고 하나님과 막힘없는 교제를 나누게 하소서.
  제 기도가 믿음으로 드려지게 하시고 하나님의 뜻에 맞게 변화되게 하소서.
  다른 사람을 용서하고 내 뜻이 아니라
  하나님의 영광을 구하는 기도를 드리게 하소서.
  오늘도 하나님과 막힘없이 소통하는 기도의 삶을 살게 하소서.
  예수님의 이름으로 기도합니다. 아멘!

Day 21
고난 속에서 하나님의 음성을 듣다

1. 고난 속에서 기도의 필요성

"환난 날에 나를 부르라 내가 너를 건지리니 네가 나를 영화롭게 하리로다"(시편 50:15)
- 고난은 누구나 겪지만 믿음의 사람은 그 안에서 하나님의 뜻을 발견한다.
- 고난은 절망이 아니라 하나님의 깊은 은혜와 응답을 경험하는 시간이다.
- 시련 속에서 기도로 하나님께 나아갈 때 하나님은 반드시 말씀하시고 우리를 건지신다.

2. 고난 속에서 기도해야 하는 이유

첫째, 고난은 하나님께 더 가까이 나아가는 시간이다.
"고난 당한 것이 내게 유익이라 이로 말미암아 내가 주의 율례를 배우게 되었나이다"(시편 119:71)
- 고난은 하나님과 더 깊이 교제하도록 이끄는 도구가 된다.

- 어려움 속에서 우리는 하나님의 말씀을 더욱 붙들게 된다.
- 고난이 있을 때 기도를 통해 하나님의 뜻을 구하는 것이 중요하다.
- 질문:
    * 지금의 고난 속에서 하나님이 나에게 주시고자 하는 메시지는 무엇인가?
    * 하나님께 더 가까이 나아가기 위해 내가 기도해야 할 것은 무엇인가?

둘째, 고난 속에서 하나님의 음성을 들을 수 있다.
"내가 네 환난과 궁핍을 알거니와 실상은 네가 부요한 자니라"(요한계시록 2:9)
- 하나님은 우리가 어려움을 겪을 때 침묵하지 않으신다.
- 기도하는 순간 하나님은 우리에게 말씀하시며 길을 인도하신다.
- 고난 속에서도 하나님의 선하심을 신뢰해야 한다.
- 질문:
    * 내가 고난 중에 있는 동안 하나님이 나에게 어떤 깨달음을 주셨는가?
    * 하나님의 음성을 듣기 위해 내가 더욱 조용히 기도해야 할 부분은 무엇인가?

셋째, 고난은 우리의 믿음을 연단한다.
"우리가 환난 중에도 즐거워하나니 이는 환난은 인내를, 인내는 연단을, 연단은 소망을 이루는 줄 앎이로다"(로마서 5:3-4)
- 고난 속에서 우리는 더욱 강한 믿음으로 성장할 수 있다.
- 하나님은 우리가 시련을 통해 더 성숙한 신앙인이 되도록 연단하신다.
- 믿음의 조상들도 고난을 통해 하나님의 능력을 경험했다.
- 질문:
    * 지금의 고난이 나의 신앙을 어떻게 성숙시키고 있는가?
    * 하나님께서 연단하시는 과정을 받아들이며 성장하기 위해 무엇을 해야 하

는가?

3. 고난 속에서 드려야 할 기도의 태도

첫째, 탄식 대신 솔직한 기도로 나아가라.

"내가 환난 중에서 여호와께 아뢰며 나의 하나님께 부르짖었더니 그가 그의 성전에서 내 소리를 들으심이여 그의 앞에서 나의 부르짖음이 그의 귀에 들렸도다"(시편 18:6)
- 고난 중에도 하나님께 우리의 감정을 솔직히 표현해야 한다.
- 탄식하는 대신에 하나님께 우리의 아픔을 온전히 맡겨야 한다.
- 눈물의 기도도 하나님께서 들으시며 응답하신다.

둘째, 불평이 아닌 감사로 기도하라.

"범사에 감사하라 이것이 그리스도 예수 안에서 너희를 향하신 하나님의 뜻이니라"(데살로니가전서 5:18)
- 고난 중에도 감사하는 태도를 가질 때 하나님의 능력이 역사하신다.
- 감사는 불평을 이기고 기도의 능력을 더욱 강하게 한다.
- 하나님은 모든 상황 속에서도 우리를 선하게 인도하신다.

셋째, 더 깊은 중보기도로 나아가라.

"너희가 짐을 서로 지라 그리하여 그리스도의 법을 성취하라"(갈라디아서 6:2)
- 고난을 겪으며 다른 이들의 아픔을 더 깊이 이해할 수 있다.
- 나의 시련이 다른 사람을 위한 중보기도로 바뀔 때 하나님의 놀라운 역사가 일어난다.
- 서로를 위해 기도할 때 하나님은 더 크신 계획을 이루신다.

4. 성경 속 인물들이 고난 중에 드린 기도

첫째, 다니엘처럼 꾸준한 기도 습관을 유지하라.

"다니엘이 이 조서에 왕의 도장이 찍힌 것을 알고도 자기 집에 돌아가서는 윗방에 올라가 예루살렘으로 향한 창문을 열고 전에 하던 대로 하루 세 번씩 무릎을 꿇고 기도하며 그의 하나님께 감사하였더라"(다니엘 6:10)

- 위기 속에서도 하루 세 번 기도를 멈추지 않았다.
- 정해진 기도의 시간을 지키라.

둘째, 욥: 모든 것을 잃었을 때도 하나님을 찬양했다.

"이르되 내가 모태에서 알몸으로 나왔사온즉 또한 알몸이 그리로 돌아가올지라 주신 이도 여호와시요 거두신 이도 여호와시오니 여호와의 이름이 찬송을 받으실지니이다 하고"(욥기 1:21)

- 모든 것을 잃었어도 하나님을 찬양했다.
- 어떤 상황에서도 하나님을 찬양하라.

셋째, 모세: 위기의 순간, 중보기도로 나아가다.

"모세가 그의 하나님 여호와께 간구하여 이르되 여호와여 어찌하여 주의 큰 권능과 강한 손으로 애굽 땅에서 인도하여 내신 주의 백성에게 진노하시나이까"(출애굽기 32:11)

- 이스라엘을 위해 중보했다.
- 다른 사람의 문제까지 품고 중보하라.
- 문제를 해결하려는 조급함보다 하나님께 맡기는 태도를 기르라.

넷째, 엘리야처럼 솔직한 기도를 드리라.

"자기 자신은 광야로 들어가 하룻길쯤 가서 한 로뎀 나무 아래에 앉아서 자기가 죽기를 원하여 이르되 여호와여 넉넉하오니 지금 내 생명을 거두시옵소서 나는 내 조상들보다 낫지 못하니이다 하고"(열왕기상 19:4)

- 낙심했지만 솔직하게 하나님께 나아갔다.
- 하나님 앞에 마음을 쏟아놓았다.

다섯째, 바울과 실라 : 감옥에서 찬양하며 기도하다.

"한밤중에 바울과 실라가 기도하고 하나님을 찬송하매 죄수들이 듣더라"(사도행전 16:25)

- 감옥에서도 찬양과 기도로 승리했다.
- 상황을 뛰어넘어 찬양과 감사로 기도하라.

✿ **미래의 나(Future Self) 질문**
고난 중에 하나님의 음성을 들으면 내 미래는 어떻게 달라질 것인가?

✿ **기도 기록(Prayer Journal)**
현재 나의 고난은 무엇인가?

....
....

고난 속에서 하나님께 구할 것은 무엇인가?

....
....

고난 중 감사할 수 있는 이유는 무엇인가?

....
....

✿ **기도로 선포하라.**
주님, 이 시련 속에서도 하나님의 뜻을 깨닫게 하소서.
눈물로 기도할 때마다 하나님의 음성을 듣게 하시고
제 믿음이 더욱 강해지도록 연단하여 주옵소서.
원망과 불평을 내려놓고, 감사의 기도를 드리게 하소서.
고난 속에서도 하나님이 일하고 계심을 믿으며
더 깊이 기도하는 삶을 살게 하소서.
예수님의 이름으로 기도합니다. 아멘!

Day 22
하나님, 이번엔 정말 약속합니다

1. 서원기도란?

서원기도(誓願祈禱)는 하나님께 특정한 약속이나 결단을 드리며 하는 기도다. '서원'이란 하나님께 "이렇게 하시면 제가 이렇게 하겠습니다" 또는 "하나님 앞에 이렇게 살겠습니다"라고 맹세하거나 약속하는 행위다.

> "야곱이 서원하여 이르되 하나님이 나와 함께 계셔서 내가 가는 이 길에서 나를 지키시고 … 여호와께서 나의 하나님이 되실 것이요"(창세기 28:20-21)

2. 서원기도는 꼭 해야 하나?

- 서원기도는 신앙생활에서 해야 하는 의무는 아니다.
- 서원기도는 자발적인 결단과 약속의 기도로, 성경에서도 억지로 하라고 명령하지 않는다.
- 내 마음에서 우러나 하나님께 특별한 감사나 결단을 드리고 싶을 때 하는 기

도다.

"**서원하고 갚지 아니하는 것보다 서원하지 아니하는 것이 더 나으니**"(전도서 5:5)

- 즉, 서원하지 않아도 믿음은 자라며 하나님께서 응답하신다.
- 하지만 서원했다면 반드시 지켜야 한다.
- 하나님은 사람의 말과 약속을 귀히 여기신다.

3. 서원기도는 언제 하는가?

서원기도는 삶의 전환점, 절박한 상황, 특별한 감동이 있을 때 주로 드린다.

- **인생의 중대한 순간에:** 진로, 결혼, 출산, 병 고침, 사업 시작 등
  "하나님, 이번 일을 도와주시면 주님께 이렇게 헌신하겠습니다."

- **위기와 절박함 속에서:** 가족의 질병, 재정적 어려움, 절박한 상황에서
  "하나님, 살려주시면 이렇게 살겠습니다."

- **하나님의 은혜가 너무 커서 감사할 때:** 도저히 갚을 수 없는 은혜를 경험했을 때
  "하나님, 이 은혜를 기억하며 앞으로 이렇게 살겠습니다."

- **특별한 헌신과 결단이 필요할 때:** 새롭게 신앙을 정리하고 결단하고 싶을 때
  "하나님, 올해는 하루도 빠짐없이 성경을 읽겠습니다."

4. 서원하면 무조건 지켜야 하나요?

- 서원은 하나님과의 약속이기 때문에 반드시 지켜야 한다.
- 성경은 서원을 가볍게 여기지 말고 반드시 이행할 것을 강조한다.

"네가 하나님께 서원하였거든 갚기를 더디게 하지 말라 하나님은 우매한 자들을 기뻐하지 아니하시나니 서원한 것을 갚으라"(전도서 5:4)

- 서원 후 무시하거나 지키지 않으면 하나님 앞에 죄가 될 수 있다(전도서 5:6).

5. 서원기도의 대표적인 성경 사례

첫째, 야곱의 서원기도

"하나님이 나와 함께 계셔서 … 평안히 아버지 집으로 돌아가게 하시오면 여호와께서 나의 하나님이 되실 것이요"(창세기 28:20-22)

둘째, 한나의 서원기도

"주의 여종에게 아들을 주시면 내가 그의 평생에 그를 여호와께 드리고 삭도를 그의 머리에 대지 아니하겠나이다"(사무엘상 1:11하)

셋째, 다윗과 시편 기자들의 서원

"감사로 하나님께 제사를 드리며 지존하신 이에게 네 서원을 갚으며"(시편 50:14)

"그리하시면 내가 주의 이름을 영원히 찬양하며 매일 나의 서원을 이행하리이다"(시편 61:8)

- 서원기도는 하나님과의 약속이자 신앙적 결단으로 성경 속 인물들은 위기나

간절한 기도 제목 앞에서 서원했고 반드시 지켰다.

넷째, 입다의 서원기도

"그가 여호와께서 서원하여 이르되 주께서 과연 암몬 자손을 내 손에 넘겨주시면 … 내 집 문에서 나와서 나를 영접하는 그는 여호와께 돌릴 것이니 내가 그를 번제물로 드리겠나이다 하니라"(사사기 11:30-31)

- 입다는 암몬과의 전쟁에서 승리를 간절히 원했다.
- 전쟁이 시작되기 전에 하나님께 극단적인 서원을 드린다.

다섯째, 레위기와 민수기의 서원 규례

- 레위기 27장, 민수기 6장(서원에 대한 구체적 규정 제시)
- 특히 나실인은 일정 기간 하나님께 자신을 구별해 바치겠다고 서원했다.
- 머리카락을 자르지 않고, 포도주 등 부정한 것을 금지했다.

사사 삼손, 선지자 사무엘, 세례 요한이 대표적 나실인 서원의 모델

구분	나실인 서원	입다의 서원
의미	자발적이고 계획된 헌신	급박한 상황 속 무모한 서원
대표 인물	삼손, 사무엘, 세례 요한	입다
특징	하나님께 인생 전체를 드리는 결단	성급하고 무리한 조건부 서원
결과	하나님의 역사와 사역의 도구로 쓰임	딸의 희생과 비극적 결말
교훈	거룩한 삶과 헌신의 상징	서원의 신중함과 책임 강조

6. 서원기도는 돈, 물질로만 해야 하나요?

- 서원기도는 물질뿐만 아니라 내 삶의 변화, 시간, 헌신, 봉사, 사명까지 포함된다.
- 예를 들어, 이런 결단도 서원기도가 될 수 있다.
    * "올해는 한 사람이라도 꼭 전도하겠습니다."
    * "성경을 1독 하겠습니다."
    * "특정기간 동안 새벽기도를 빠지지 않겠습니다."
- 서원기도는 거래가 아니다.
- 서원기도는 복채처럼 하나님과 거래하는 것이 되어서는 안 된다.
- 서원은 하나님의 은혜에 대한 감사와 헌신의 고백이어야 한다.
- "이것 주시면 저도 이렇게 하겠습니다"라는 조건부가 아니라 "하나님의 뜻이면 순종하겠습니다"라는 믿음의 고백이어야 한다.

"네 하나님 여호와께 네가 서원하여 입으로 언약한 대로 행할지니라"(신명기 23:23하)

✱ **미래의 나(Future Self) 질문**

하나님 앞에서 진심으로 드린 서원기도를 지킨 '미래의 나'는 어떤 변화를 경험하며 살고 있을까?

✱ **기도 기록(Prayer Journal)**

서원기도의 의미를 제대로 이해했는가?

....
....

서원의 동기를 점검하고 바른 마음으로 기도했는가?

....
....

서원을 지킬 수 있도록 하나님께 도우심을 구했는가?

....
....

✱ **기도로 선포하라.**

전능하신 주님,
오늘 주님 앞에 서원하며 기도합니다.
이 서원이 욕심이 아닌 은혜에 대한 감사와 헌신이 되게 하소서.
끝까지 지키는 믿음의 사람이 되게 하시고
서원을 지킬 힘도 주님이 주시길 구합니다.
저의 삶을 통해 하나님의 영광이 드러나게 하소서.
예수님의 이름으로 기도합니다. 아멘!

Day 23
영적 비늘을 벗고 새 눈을 뜨다

1. 왜 영적 눈을 떠야 하는가?

"즉시 사울의 눈에서 비늘 같은 것이 벗어져 다시 보게 된지라 일어나 세례를 받고"(사도행전 9:18)

- 기도하면서도 감정에 휘둘리고 하나님을 부르지만 정작 하나님이 누구신지 모를 때가 있다.
- 기도는 내 감정을 정리하고 하나님의 시선으로 바라보게 하며 진정한 주님을 발견하는 시간이다.
- 사울은 다메섹 도상에서 부활하신 주님을 만나 "주여, 누구시니이까?"라며 묻는다(사도행전 9:5).
- 진짜 기도는 '주여'라고 부르는 형식이 아니라 하나님을 인격적으로 만나 변화되는 과정이다.

2. 영적 눈을 가리는 비늘은 무엇인가?

첫째, 감정에 휩싸인 기도
- 사울처럼 분노와 위협 속에서 기도할 때 하나님의 뜻이 아니라 자신의 감정만 커질 수 있다.
  "사울이 주의 제자들에 대하여 여전히 위협과 살기가 등등하여"(사도행전 9:1)
- 감정이 앞선 기도는 하나님의 뜻이 아닌 내 감정만 키운다.
- 기도는 감정을 쏟아내는 것이 아니라 감정을 다스리는 시간이다.

둘째, 이름만 부르는 기도
- 사울은 "주여"라고 불렀지만 정작 주님이 누구인지 몰랐다.
- 우리는 기도 속에서 하나님을 부르지만, 진정 하나님을 알고 있는가?
  "주여, 누구시니이까"(사도행전 9:5)
- 사울처럼 "주님"이라 부르면서도 정작 하나님을 모르고 있을 수 있다.
- 기도는 하나님을 부르는 것이 아니라 하나님을 깊이 알아가는 여정이다.

셋째, 확신은 있지만 잘못된 방향으로 가는 기도
- 사울은 확신에 차 있었지만 잘못된 길로 가고 있었다.
- 기도할 때 내 계획이 아니라 하나님의 뜻을 우선으로 구해야 한다.

3. 기도가 열어주는 영적 눈

첫째, 하나님의 관점으로 상황을 바라보게 한다.
  "너희가 내게 부르짖으며 내게 와서 기도하면 내가 너희들의 기도를 들을 것이요"(예레미야 29:12)

둘째, 하나님을 인격적으로 만나게 한다.

"너희가 온 마음으로 나를 구하면 나를 찾을 것이요 나를 만나리라"(예레미야 29:13)

- 기도는 하나님을 이름으로만 부르는 것이 아니라 하나님을 깊이 경험하는 시간이다.

4. 영적 비늘을 벗기기 위한 다섯 가지 기도 원칙

첫째, 감정을 다스리는 기도를 하라.
- 감정에 치우친 기도는 우리의 시야를 흐리게 한다.
- 기도는 감정을 쏟아내는 것이 아니라 감정을 정리하는 과정이다.

"네 마음을 지키라"(잠언 4:23중)

- 감정적 기도가 아니라 하나님 앞에서 마음을 정리하는 기도를 드리라.

둘째, 이름만 부르는 기도가 아니라 하나님을 깊이 경험하라.
- 기도할 때 매일 묵상하며 하나님이 어떤 분이신지 깊이 생각하고 고백하라.

셋째, 하나님의 뜻을 먼저 구하라.
- 기도의 목적은 나 자신의 욕구를 채우는 것이 아니라 하나님의 뜻에 순종하는 데 있다.

"우리 조상들의 하나님이 너를 택하여 너로 하여금 자기 뜻을 알게 하시며 그 의인을 보게 하시고 그 입에서 나오는 음성을 듣게 하셨으니"(사도행전 22:14)

넷째, 응답을 기다리는 기도를 하라.
- 하나님이 즉시 응답하지 않더라도 기다리는 과정 속에서 영적 비늘이 벗겨

진다.

"비록 더딜지라도 기다리라"(하박국 2:3중)
- 사울은 다메섹에서 3일 동안 보지 못하고 먹지도 마시지도 않았다(행 9:9).
- 사울은 3일 동안 먹지도 마시지도 않고 기다렸고, 그때 비로소 눈에서 비늘이 벗겨졌다.
- 기도는 하나님의 때를 기다리는 인내의 시간이다.

다섯째, 기도 중에 받은 깨달음을 반드시 실천하라.
- 기도는 응답받는 것으로 끝나는 것이 아니라 삶에서 순종으로 열매 맺는 과정이다.
- 사울은 비늘이 벗겨진 후 곧바로 예수가 하나님의 아들이심을 전파하기 시작했다.

"즉시로 각 회당에서 예수가 하나님의 아들이심을 전파하니"(사도행전 9:20)
- 기도는 단순한 묵상이 아니라 하나님의 뜻을 삶에서 실천하는 과정이다.

❋ **미래의 나(Future Self) 질문**
영적 눈이 열린다면 나의 미래는 어떤 모습으로 보일 것인가?

❋ **기도 기록(Prayer Journal)**
오늘 내가 기도 중 다스려야 할 감정은 무엇인가?
....
....

나는 하나님을 부르기만 했는가, 깊이 만나려고 했는가?
....
....

응답이 늦어도 하나님의 때를 신뢰하고 있는가?
....
....

❋ **기도로 선포하라.**
주님,
제가 기도하면서도 감정을 다스리지 못할 때가 있습니다.
주님을 찾으면서도 진정한 주님을 알지 못할 때가 있습니다.
제 기도가 단순한 형식이 아니라 주님을 깊이 알아가는 시간이 되게 하소서.
내 뜻이 아니라 하나님의 뜻을 깨닫는 기도를 하게 하소서.
오늘도 저의 눈에서 비늘을 벗겨주시고 진리를 선명히 보게 하소서.
예수님의 이름으로 기도합니다. 아멘!

Day 24
막힌 기도의 이유를 발견하다
우선순위를 점검하라

1. 기도의 우선순위가 중요한 이유

"네 길을 여호와께 맡기라 그를 의지하면 그가 이루시고"(시편 37:5)
- 우리의 삶에서 기도는 선택이 아니라 반드시 지켜야 할 믿음의 기본이다.
- 바쁜 일상 속에서도 하나님을 먼저 찾을 때 삶의 질서가 회복되고 하나님의 은혜를 경험하게 된다.
- 하나님을 우선할 때 삶의 방향이 바로 서고 영적 질서가 세워진다.

2. 기도에도 우선순위가 필요하다

첫째, 기도의 우선순위가 무너지면 영적 혼란이 온다.
"주께서 심지가 견고한 자를 평강하고 평강하도록 지키시리니 이는 그가 주를 신뢰함이니이다"(이사야 26:3)
- 기도가 뒷전이 되면 영적 갈급함이 커지고 삶의 혼란이 찾아온다.
- 세상의 염려보다 하나님을 먼저 찾을 때 내면의 평안이 온다.

- 질문:
    * 기도를 하루의 가장 중요한 일로 두고 있는가?
    * 바쁘거나 피곤할 때 기도보다 다른 것을 우선하지 않는가?

둘째, 하나님을 먼저 구하면 모든 것이 따라온다.

"너희는 먼저 그의 나라와 그의 의를 구하라 그리하면 이 모든 것을 너희에게 더하시리라"(마태복음 6:33)
- 하나님의 뜻을 최우선으로 삼을 때 우리의 필요도 자연스럽게 채워진다.
- 기도가 삶의 중심이 될 때 하나님이 모든 것을 예비해 주신다.
- 기도하는 삶을 유지하면 선택과 방향이 명확해진다.
- 질문:
    * 기도할 때 내 뜻보다 하나님의 뜻을 먼저 구하는가?
    * 하나님을 최우선으로 둘 때 내 삶은 어떻게 변할까?

셋째, 응급 기도가 아니라, 지속적인 기도를 실천하라.

"여호와와 그의 능력을 구할지어다 그의 얼굴을 항상 구할지어다"(시편 105:4)
- 급할 때만 찾는 기도가 아니라 평소에도 하나님과 동행하는 기도를 습관화해야 한다.
- 일상의 작은 순간에도 하나님께 나아가고 지속적인 기도를 실천하라.
- 질문:
    * 내가 기도하는 시간은 일관성이 있는가?
    * 평소에도 하나님과 친밀한 교제를 유지하고 있는가?

3. 기도의 우선순위를 세우는 방법

첫째, 하루를 기도로 시작하라.

"여호와여 아침에 주께서 나의 소리를 들으시리니 아침에 내가 주께 기도하고 바라리이다"(시편 5:3)

- 아침 기도는 하루를 하나님께 맡기는 가장 좋은 습관이다.
- 아침에 기도하면 하루의 흐름이 하나님께 집중되며 평안과 지혜를 얻을 수 있다.

둘째, 삶의 우선순위를 재정비하라.

"내가 여호와를 항상 내 앞에 모심이여 그가 나의 오른쪽에 계시므로 내가 흔들리지 아니하리로다"(시편 16:8)

- 기도뿐만 아니라 삶의 모든 영역에서 하나님을 첫 자리에 두어야 한다.
- 기도와 말씀을 삶의 중심에 두면 세상의 혼란에도 흔들리지 않는다.

셋째, 하나님의 뜻을 우선적으로 구하라.

"내가 이르되 주님 무엇을 하리이까 주께서 이르시되 일어나 다메섹으로 들어가라 네가 해야 할 모든 것을 거기서 누가 이르리라 하시거늘"(사도행전 22:10)

- 회개한 자가 하나님 앞에서 가져야 할 태도는 자신의 뜻을 내려놓고 하나님의 뜻을 구하라.
- 하나님의 인도하심이 즉각적으로 주어지지 않을 수도 있지만 순종하는 과정에서 점차 드러난다. 바울도 다메섹에서 아나니아를 통해 하나님의 뜻을 듣고 점진적으로 깨닫게 되었다.

4. 기도의 우선순위를 지키지 못한 대표적 실수들

첫째, 사울 왕: 조급한 기도로 하나님의 뜻을 어김

"사무엘이 사울에게 이르되 왕이 망령되이 행하였도다 왕이 왕의 하나님 여호와께서 왕에게 내리신 명령을 지키지 아니하였도다 그리하였더라면 여호와께서 이스라엘 위에 왕의 나라를 영원히 세우셨을 것이거늘"(사무엘상 13:13)

- 전쟁을 앞두고 사무엘을 기다리지 못하고 스스로 제사를 드리는 조급함을 보였다.
- 하나님의 명령을 따르기보다는 자신의 상황을 먼저 고려하는 기도 태도를 보였다. 결국 왕으로서의 권위를 잃고 하나님의 축복을 받지 못한다.

둘째, 이스라엘 백성: 하나님보다 우상과 세상을 더 우선함

"너희가 나를 버리고 다른 신들을 섬기니 그러므로 내가 다시는 너희를 구원하지 아니하리라"(사사기 10:13)

- 기도는 했지만 하나님보다 세상의 가치와 우상을 더 중요하게 여긴다.
- 어려울 때만 하나님을 찾고 평소에는 하나님을 의지하지 않는다.
- 하나님을 버리고 세상의 우상과 욕심을 더 중요시하다 결국 고통을 당한다.

셋째, 마르다: 분주함 속에서 기도의 우선순위를 잃음

"마르다는 준비하는 일이 많아 마음이 분주한지라 예수께 나아가 이르되 주여 내 동생이 나 혼자 일하게 두는 것을 생각하지 아니하시나이까 그를 명하사 나를 도와 주라 하소서"(누가복음 10:40)

- 예수님을 집에 초대했지만 기도와 말씀보다는 일과 준비하는 것에 더 집중한다. 반면, 마리아는 예수님의 발 앞에서 말씀을 듣고 하나님과의 관계를 우선한다.

- 결국 마르다는 분주한 삶 속에서 하나님과의 친밀한 시간을 놓친다.

넷째, 요나: 하나님의 뜻보다 자신의 감정을 앞세운 기도
"너는 일어나 저 큰 성읍 니느웨로 가서 그것을 향하여 외치라 그 악독이 내 앞에 상달하였음이니라 하시니라"(요나 1:2)
- 하나님의 뜻을 거부하고 자신의 감정대로 움직이다 고난을 맞는다.
- 결국 폭풍을 만나고 물고기 배 속에서 간절히 기도한 후에야 하나님의 뜻을 따른다.
- 하나님 뜻을 따르지 않고 자신이 원하는 응답을 고집하는 태도가 문제였다.
- 하나님의 뜻보다 내 뜻을 앞세운다면 기도의 응답이 지연될 수 있다.

5. 기도의 우선순위를 방해하는 요소들

첫째, 분주함과 세상의 염려
"주께서 대답하여 이르시되 마르다야 마르다야 네가 많은 일로 염려하고 근심하나"(누가복음 10:41)
- 삶의 바쁨과 걱정이 기도의 시간을 빼앗지 않도록 해야 한다.
- 세상일에 밀려 기도의 시간이 줄어든다.
- 마르다처럼 분주함에 갇히지 말고 마리아처럼 하나님 앞에 앉아야 한다.

둘째, 기도를 미루는 습관
"그러므로 사람이 선을 행할 줄 알고도 행하지 아니하면 죄니라"(야고보서 4:17)
- '나중에 기도해야지'라고 생각하다 보면 기도가 뒤로 밀려날 수 있다.
- 기도할 때를 놓치지 않고 즉시 기도하는 습관을 들여야 한다.

셋째, 자기 뜻을 먼저 앞세우는 기도

"너희는 욕심을 내어도 얻지 못하여 살인하며 시기하여도 능히 취하지 못하므로 다투고 싸우는도다 너희가 얻지 못함은 구하지 아니하기 때문이요 구하여도 받지 못함은 정욕으로 쓰려고 잘못 구하기 때문이라"(야고보서 4:2-3)

- 욕심과 내 계획으로 기도하면 기도는 막히게 된다.
- 먼저 하나님의 뜻을 구하고 순종하는 마음을 가져야 한다.
- 세상의 욕심이 아닌 하나님의 뜻을 먼저 구할 때 모든 필요가 채워진다.

✿ 미래의 나(Future Self) 질문
막힌 기도가 풀리면 내 인생의 미래는 어떻게 변화할 것인가?

✿ 기도 기록(Prayer Journal)
오늘 내가 점검해야 할 기도의 우선순위는 무엇인가?
....
....

기도를 더 집중하기 위해 조정해야 할 것은?
....
....

하나님의 뜻을 구하는 기도를 어떻게 적용할 것인가?
....
....

✿ 기도로 선포하라.
주님,
오늘도 기도를 삶의 최우선으로 삼게 하소서.
바쁜 일상과 세상의 염려보다 하나님을 먼저 찾는 사람이 되게 하시고
항상 하나님의 뜻을 구하며 살아가는 믿음을 주옵소서.
저의 기도가 습관이 아니라
하나님의 뜻을 이루는 삶의 중심이 되게 하소서.
예수님의 이름으로 기도합니다. 아멘!

Day 25
안수기도로 권세 아래 서다

1. 안수(按手)란 무엇인가?

- '안수'란 '손을 얹는다'는 의미로 성경에서 하나님의 능력과 권위가 전달되는 방식으로 사용된 영적 행위다.
- 구약과 신약에서 축복, 성령 충만, 사역 임명, 병 고침을 위해서 안수가 행해졌다.

"여호와께서 모세에게 이르시되 … 여호수아는 그 안에 영이 머무는 자니 데려다가 그에게 안수하고"(민수기 27:18)
"두 사도가 그들에게 안수하매 성령을 받는지라"(사도행전 8:17)
"믿는 자들에게는 이런 표적이 따르리니 … 병든 사람에게 손을 얹은즉 나으리라"(마가복음 16:17-18)

- 안수는 단순한 의식이 아니라 하나님의 권위를 인정하며 행하는 영적인 행동이다.

2. 안수의 방식과 의미

첫째, 머리에 손을 얹는 안수
- 머리는 사람의 영적, 정신적 중심을 상징한다.
- 성경에서 사역자 임명, 축복, 성령 충만을 위해 주로 머리에 안수했다.
- 예수님과 제자들은 어린아이를 축복할 때 머리에 손을 얹고 기도했다.
  "그 어린아이들을 안고 그들 위에 안수하시고 축복하시니라"(마가복음 10:16)

둘째, 아픈 부위에 손을 얹는 안수
- 병 고침과 회복을 위해 아픈 부위에 손을 얹고 기도하는 방식이다.
- 이는 예수님과 제자들이 병자를 고칠 때 사용한 방법이다.
  "예수께서 손을 내밀어 그에게 대시며 이르시되 내가 원하노니 깨끗함을 받으라 하신대 나병이 곧 떠나니라"(누가복음 5:13)
  "믿는 자들에게는 이런 표적이 따르리니 … 병든 사람에게 손을 얹은즉 나으리라"(마가복음 16:17-18)
- 치유를 위한 기도에서 가장 성경적인 모습이다.

3. 안수기도 중 넘어지는 현상에 대한 이해

- 넘어지는 것은 기도 응답의 증거가 아니다.
- 성령의 강한 임재로 인해 몸이 힘을 잃고 넘어지는 경우가 있지만 모든 사람이 넘어지는 것은 아니다.
- 넘어졌다고 은혜가 더하고, 안 넘어졌다고 덜한 것은 아니다.
  "그들이 다 성령의 충만함을 받고"(사도행전 2:4)
- 안수기도의 핵심은 외적인 반응이 아니라 내적인 변화와 믿음의 결단이다.

4. 아무나 안수해도 되는가?

- 안수는 반드시 신중해야 하며, 하나님의 권위를 인정하는 믿음의 행위로 이루어져야 한다.
- 성경적으로 목회자나 영적 권위를 부여받은 자들이 안수했다.
- 그러나 안수 자체가 특정 계층에게만 제한된 것은 아니다.
 "네 속에 있는 하나님의 은사를 다시 불일 듯하게 하기 위하여 너로 생각하게 하노니"(디모데후서 1:6하)
- 그러나 가정에서 부모가 자녀를 위해, 가족이 서로를 위해 안수기도 하는 것은 성경적으로 허용된다.
- 예수님께서는 제자들에게 "병든 자에게 손을 얹으면 나으리라"(마가복음 16:18)고 말씀하셨다.
 "아무에게나 경솔히 안수하지 말고"(디모데전서 5:22상)
- 안수기도는 하나님의 임재와 능력을 신뢰하는 믿음의 시간이다.

5. 안수기도를 받을 때 가져야 할 태도

- 마음을 열고 믿음으로 참여해야 한다.
- 기도 중 사람보다 하나님께 집중해야 한다.
- 기도 후에도 믿음으로 응답을 기다리며 순종해야 한다.
 "믿음이 없이는 하나님을 기쁘시게 하지 못하나니"(히브리서 11:6상)
- 안수기도는 단순한 기도가 아니라 하나님 앞에서의 신뢰와 결단이다.

✿ **미래의 나(Future Self) 질문**

안수기도로 회복되는 나의 미래의 권세는 무엇인가?

✿ **기도 기록(Prayer Journal)**

오늘 안수기도를 통해 느낀 하나님의 임재는?

....
....

안수기도에서 머리에 손을 얹는 것과 아픈 부위에 손을 얹는 의미를 제대로 이해했는가?

....
....

앞으로 안수기도의 권위를 인정하며 어떻게 신중히 참여할 것인가?

....
....

✿ **기도로 선포하라.**

주님, 안수기도를 통해 역사하시는 하나님의 능력을 신뢰합니다.
치유와 회복, 성령 충만과 사명의 능력이 안수기도를 통해 흘러가게 하소서.
안수받을 때 외적인 모습보다
내적인 변화와 믿음의 결단이 일어나게 하시고,
저도 하나님 앞에 신중하고 겸손한 태도로 안수기도를 받으며
순종하게 하소서.
예수님의 이름으로 기도합니다. 아멘!

Day 26
용서로 기도의 길을 열다

1. 기도의 능력을 회복하는 용서와 회개

"오직 너희 죄악이 너희와 너희 하나님 사이를 갈라 놓았고 너희 죄가 그의 얼굴을 가리어서 너희에게서 듣지 않으시게 함이니라"(이사야 59:2)

- 기도 응답이 막히는 이유는 바로 하나님과의 관계를 가로막는 죄와 상처 때문이다.
- 마음 깊은 곳에 쌓인 미움과 용서하지 못한 감정은 영적 막힘을 만들고 기도마저 무력하게 만든다. 그러나 용서와 회개는 이런 장애물을 제거하고 하나님과의 관계를 회복하게 한다.
- 기도하는 자는 반드시 하나님 앞에 정직히 나아가 죄를 고백하고 용서의 결단을 해야 한다. 그래야 기도의 통로가 열리고 하나님께서 응답하시는 능력을 경험할 수 있다.
- 하나님께 나아가는 기도는 반드시 회개로 시작해야 하며 용서하지 못하는 마음을 하나님께 내려놓는 순종이 필요하다.

2. 왜 용서와 회개의 기도가 중요한가?

첫째, 회개는 하나님과의 관계를 회복하는 첫걸음이다.
- 죄를 회개하지 않으면 하나님과의 관계가 막힌다(이사야 59:2).
- 다른 사람을 용서하지 않으면, 하나님께 용서받을 수 없다(마태복음 6:15).
- 마음의 짐을 내려놓을 때 참된 평안을 누릴 수 있다(빌립보서 4:6-7).
- 회개는 하나님의 은혜를 더욱 깊이 경험하는 과정이다(사도행전 3:19).
- 기도하는 사람은 먼저 자신의 죄를 깨닫고 회개해야 한다.
- 죄는 하나님과의 관계를 막는 담이 되어 기도의 능력을 잃게 한다.
- 회개는 단순히 잘못을 인정하는 수준이 아니라 삶의 방향을 돌이키는 결단이다.
- 죄를 고백하고 하나님의 은혜를 구할 때 비로소 기도의 능력이 살아난다.

둘째, 용서하지 않으면 기도가 막힌다.
"너희가 사람의 잘못을 용서하면 너희 하늘 아버지께서도 너희 잘못을 용서하시려니와 너희가 사람의 잘못을 용서하지 아니하면 너희 아버지께서도 너희 잘못을 용서하지 아니하시리라"(마태복음 6:14-15)
- 마음에 용서하지 못한 사람이 있다면 그것이 바로 기도의 장애물이 된다.
- 하나님께 받은 용서를 기억할 때 우리도 다른 사람을 용서해야 한다.
- 용서는 감정이 아니라 믿음의 결단이며 내면의 상처를 치유하고 기도의 응답을 여는 열쇠다.

셋째, 회개와 용서는 기도의 능력을 회복시킨다.
"그러므로 너희 죄를 서로 고백하며 병이 낫기를 위하여 서로 기도하라 의인의 간구는 역사하는 힘이 큼이니라"(야고보서 5:16)

- 죄를 회개하고 용서를 실천하는 기도는 하나님의 능력을 경험하게 만든다.
- 아무 거리낌 없이 하나님 앞에 설 수 있는 담대함이 생기고 기도는 힘을 얻게 된다.
- 용서와 회개를 통해 마음의 짐이 벗겨지고 영적 자유와 치유가 찾아온다.

3. 용서와 회개 기도를 실천하는 방법

첫째, 기도를 시작하기 전에 회개의 시간을 가지라.

"그러므로 너희가 회개하고 돌이켜 너희 죄 없이 함을 받으라 이같이 하면 새롭게 되는 날이 주 앞으로부터 이를 것이요"(사도행전 3:19)

- 기도하기 전에 자신의 죄를 돌아보고 구체적으로 고백하는 시간을 가져야 한다.
- 마음 깊은 곳의 죄까지 정직하게 인정할 때 하나님의 용서가 임하고 기도가 자유로워진다.

둘째, 하나님 앞에서 솔직하게 고백하라.

"하나님이여 내 속에 정한 마음을 창조하시고 내 안에 정직한 영을 새롭게 하소서"(시편 51:10)

- 하나님 앞에서는 어떤 것도 숨길 수 없다.
- 스스로 변명하거나 포장하지 말고 있는 그대로 하나님께 나아가라.
- 진심 어린 회개는 하나님이 기뻐하시며 은혜로 덮어주신다.

셋째, 용서를 선택하고 선포하며 기도하라.

"나는 너희에게 이르노니 너희 원수를 사랑하며 너희를 박해하는 자를 위하여 기도하라"(마태복음 5:44)

- 용서는 감정이 아니라 의지적 선택이다.
- 내가 상처 입은 그 사람을 위해 기도하고 마음으로 용서를 선포해야 한다.
- 하나님의 은혜를 경험한 사람이라면 그 용서가 흘러가야 한다.

넷째, 상처 준 사람에게 용서를 구하는 기도를 드리라.

"그러므로 예물을 제단에 드리려다가 거기서 네 형제에게 원망들을 만한 일이 있는 것이 생각나거든 예물을 제단 앞에 두고 먼저 가서 형제와 화목하고 그 후에 와서 예물을 드리라"(마태복음 5:23-24)

- 혹시 내가 누군가에게 상처를 주었다면 기도 중에 떠오른 사람에게 용서를 구하는 것도 중요하다.
- 관계를 회복하는 것이 하나님 앞에서 예배와 기도가 온전히 드려지는 길임을 기억하라.

4. 용서와 회개의 기도를 통해 얻게 되는 유익

- 기도 응답이 가로막히지 않고 열린다.
- 하나님과의 친밀한 관계가 회복된다.
- 마음의 평안과 자유가 임한다.
- 영적 능력이 새로워지고 기도의 힘이 강해진다.

❋ **미래의 나(Future Self) 질문**
  내가 용서할 때 열리는 나의 미래는 무엇인가?

❋ **기도 기록(Prayer Journal)**
  오늘 내가 회개해야 할 죄는 무엇인가?

  ....
  ....

  지금 용서해야 할 사람은 누구인가?

  ....
  ....

  하나님의 용서를 받은 내가, 어떻게 용서의 삶을 실천할 것인가?

  ....
  ....

❋ **기도로 선포하라.**
  주님, 제 안의 모든 죄를 깨끗이 씻어 주소서.
  저의 잘못을 정직하게 자백하고 하나님의 용서를 온전히 누리게 하소서.
  제가 받은 은혜를 기억하며
  상처 준 사람도 기꺼이 용서할 수 있도록 도와주소서.
  기도의 장애물을 제거하고 하나님과 막힘없는 교제를 나누게 하소서.
  오늘도 용서와 회개의 기도를 통해 기도의 능력을 회복하게 하소서.
  예수님의 이름으로 기도합니다. 아멘!

Day 27
예수님의 피로 저주를 끊다

1. 예수님의 피는 생명의 능력이다

예수님의 보혈은 죄와 사망의 저주에서 우리를 해방시키는 능력이며 하나님께서 인류에게 주신 가장 큰 은혜의 증거다.

"그리스도께서 우리를 위하여 저주를 받은 바 되사 율법의 저주에서 우리를 속량하셨으니"(갈라디아서 3:13상)

- 아담과 하와의 범죄 이후 인류는 죄와 저주 아래 놓이게 되었고, 율법은 죄를 드러낼 뿐 해결하지 못했다.
- 구약의 제사제도 역시 임시적일 뿐 완전한 해결책이 아니었다.
- 그러나 예수님께서 십자가에서 흘리신 피는 죄와 저주의 권세를 완전히 깨뜨리고 우리를 자유롭게 하셨다.

- 예수님의 피는 죄를 씻고, 질병과 연약함을 치유하며, 사탄의 권세를 무너뜨

리고, 하나님의 축복과 회복을 가져오는 능력이다.
- 믿음으로 예수님의 피를 붙드는 사람은 더 이상 저주 아래 있지 않고 참된 자유와 생명 안에서 살아갈 수 있다.

2. 예수님의 피는 어떻게 저주를 축복으로 바꾸는가?

- 기도할 때 예수님의 보혈을 의지하고 선포할 때마다,
- 우리는 죄 사함과 구원, 치유와 회복, 영적 승리를 경험하게 된다.
- 예수님의 피는 단순한 상징이 아니라, 지금도 살아 역사하는 능력이다.

첫째, 죄 사함과 구원의 능력

"그 아들 예수의 피가 우리를 모든 죄에서 깨끗하게 하실 것이요"(요한일서 1:7 하)

- 예수님의 피는 우리를 모든 죄에서 깨끗하게 하고 하나님과의 단절된 관계를 회복시키신다.
- 우리는 더 이상 죄의 종이 아니라 예수님의 보혈로 새 생명을 얻은 하나님의 자녀가 된다.
- 매일 예수님의 피를 의지하여 죄 사함과 구원의 확신으로 기도하라.

둘째, 마귀의 권세를 깨뜨리는 능력

"또 우리 형제들이 어린 양의 피와 자기들이 증언하는 말씀으로써 그를 이겼으니"(요한계시록 12:11상)

- 사탄은 예수님의 피 앞에서 무력해진다.
- 예수님의 피를 선포하는 순간, 마귀의 모든 속임수와 공격은 무너지고 우리는 영적 승리를 얻게 된다.

- 영적 전쟁의 순간마다 예수님의 피를 선포하며 담대하게 기도하라.

셋째, 하나님과의 친밀함을 회복하는 능력

"이제는 전에 멀리 있던 너희가 그리스도 예수 안에서 그리스도의 피로 가까워졌느니라"(에베소서 2:13)
- 예수님의 피로 우리는 하나님과의 관계가 회복되고 더욱 친밀히 교제하는 은혜를 누리게 된다.
- 하나님 앞으로 담대히 나아갈 수 있는 길은 오직 예수님의 보혈뿐이다.
- 예수님의 피를 의지하여 하나님과 깊은 교제를 이루는 기도를 드리라.

넷째, 치유와 회복을 가져오는 능력

"그가 채찍에 맞음으로 너희는 나음을 얻었나니"(베드로전서 2:24하)
- 예수님의 피는 영혼의 구원뿐 아니라 육체의 질병과 마음의 상처까지 치유하는 능력이다.
- 예수님의 보혈을 선포할 때 우리는 전인적 회복을 경험하게 된다.
- 내 몸과 마음의 연약함을 예수님의 보혈로 덮어 달라고 간구하라.

다섯째, 영적 비늘을 벗기는 능력

"즉시 사울의 눈에서 비늘 같은 것이 벗어져 다시 보게 된지라"(사도행전 9:18 상)
- 예수님의 피는 우리의 영적 눈을 가리고 있는 비늘을 벗겨 주신다.
- 잘못된 신념과 편견, 어둠의 권세에서 벗어나 하나님의 진리를 보게 하신다.
- 예수님의 보혈을 통해 영적 눈이 열리고 하나님의 뜻을 깨닫게 해 달라고 기도하라.

3. 예수님의 피를 삶에 적용하는 방법

- 날마다 예수님의 피로 죄 사함과 구원을 선포하고, 믿음으로 기도하라.
- 영적 전쟁이 느껴질 때마다 예수님의 보혈을 선포하며 담대히 싸우라.
- 마음과 육체의 연약함을 예수님의 피로 덮으며 치유와 회복을 구하라.
- 내 안의 영적 비늘과 왜곡된 생각이 벗겨지도록 보혈의 능력을 선포하라.

❋ **미래의 나(Future Self) 질문**
예수님의 피로 저주가 끊어진 내 삶은 어떤 미래를 향하게 될 것인가?

❋ **기도 기록(Prayer Journal)**
오늘 예수님의 보혈을 어떻게 적용하고 기도했는가?

....
....

예수님의 피로 인해 내 삶에서 일어난 변화와 응답은 무엇인가?

....
....

내일 더욱 예수님의 피를 선포하며 기도해야 할 제목은 무엇인가?

....
....

❋ **기도로 선포하라.**
주님, 오늘도 예수님의 보혈을 선포합니다.
예수님의 피로 저주의 권세가 끊어지고
죄 사함과 구원의 은혜가 임하게 하소서.
영적 비늘이 벗겨져 하나님의 뜻을 밝히 보게 하시고
육체와 마음의 질병과 연약함이 치유되게 하소서.
오늘도 예수님의 피로 승리하며 살아가는 복된 인생이 되게 하소서.
예수님의 이름으로 기도합니다. 아멘!

Part 4

비전과 소명으로 다시 서는 시간

하나님이 준비하신 나로 다시 일어서라

— Day 28 ~ Day 31 —

이제 기도는 미래를 세우는 시간이 된다.
나는 과거의 실패와 상처를 끊고
하나님이 준비하신 사람으로 다시 일어서야 한다.
이 여정은 비전과 소명을 깨우고
내 정체성을 다시 세우는 시간이다.
나는 하나님의 뜻 안에서 미래의 나를 디자인하게 된다.

| 미래를 바꾸는 40일 기도 챌린지 |

Day 28. 기도로 미래를 디자인하다
Day 29. 과거를 끊고 미래로 나아가다
Day 30. 비전과 소명을 깨우다
Day 31. 기도로 나의 정체성을 다시 세우다

Day 28
기도로 미래를 디자인하다

1. 왜 우리는 미래를 위해 기도해야 하는가?

"사람이 마음으로 자기의 길을 계획할지라도 그의 걸음을 인도하시는 이는 여호와시니라"(잠언 16:9)

우리의 미래는 불확실하고 누구도 장담할 수 없지만, 하나님께서는 이미 우리의 앞길을 아시고 가장 선한 길로 인도하신다. 인생의 방향과 미래를 스스로 설계하기보다는 하나님 앞에 나아가 기도로 미래를 디자인할 때 우리는 가장 안전하고 복된 길을 걷게 된다.

- 성경은 믿음의 사람들에게 미래를 준비하며 하나님의 인도하심을 구할 것을 가르친다.
- 아브라함이 하나님의 말씀을 따라 미래를 향해 떠났듯이 우리도 기도함으로 하나님의 계획을 묻고 순종하는 삶을 살아야 한다.
- 기도는 불확실한 미래 앞에서 하나님과 동행하며 미래를 디자인하는 믿음의

도구다.

2. 성경이 말하는 미래를 세우는 기도의 힘

첫째, 하나님의 계획을 발견하는 기도

"너희를 향한 나의 생각을 내가 아나니 평안이요 재앙이 아니니라 너희에게 미래와 희망을 주는 것이니라"(예레미야 29:11하)
- 하나님은 이미 우리 삶의 청사진을 가지고 계신 분이시다.
- 기도할 때 우리는 하나님의 계획을 발견하고 그 계획에 우리 삶을 맞춰가게 된다.

둘째, 하나님이 주시는 지혜로 미래를 준비하는 기도

"너는 마음을 다하여 여호와를 신뢰하고 네 명철을 의지하지 말라 너는 범사에 그를 인정하라 그리하면 네 길을 지도하시리라"(잠언 3:5-6)
- 미래를 위한 계획을 세울 때 내 생각과 판단만으로 결정하지 않고, 하나님께 지혜를 구하는 기도가 필요하다.
- 기도는 내 생각이 아니라 하나님의 시선으로 미래를 바라보는 영적 눈을 열어준다.

셋째, 믿음의 미래를 선포하는 기도

"무엇이든지 기도하고 구하는 것은 받은 줄로 믿으라 그리하면 너희에게 그대로 되리라"(마가복음 11:24하)
- 기도는 단순히 바라는 것을 아뢰는 수준이 아니라 믿음으로 미래를 선포하는 영적 능력이다.
- 오늘의 기도가 미래의 열매를 맺는다.

넷째, 위기의 순간에도 미래를 포기하지 않는 기도

"우리가 사방으로 우겨쌈을 당하여도 싸이지 아니하며 답답한 일을 당하여도 낙심하지 아니하며"(고린도후서 4:8)
- 삶의 어려움 속에서도 포기하지 않고 기도로 나아갈 때 하나님께서는 미래의 길을 새롭게 여신다.

3. 기도로 디자인하는 미래의 삶

첫째, 하나님의 뜻과 비전을 묻는 기도를 하라.
- 기도는 미래를 내 방식대로 설계하는 시간이 아니라 하나님이 원하시는 방향을 찾는 시간이다.
- 내 계획이 아니라 하나님의 계획을 알기 위해 기도해야 한다.

둘째, 구체적인 목표와 방향을 세우는 기도를 하라.
- 막연(漠然)한 소망이 아니라 미래의 삶에서 이루고자 하는 목표와 방향을 하나님 앞에 구체적으로 세워 기도해야 한다.
- 기도하며 계획을 세울 때 하나님이 그것을 이루시는 역사를 경험하게 된다.

셋째, 믿음으로 선포하고 나아가는 기도를 하라.
- 앞으로 닥칠 어려움과 위기 앞에서도 기도로 미리 선포하고 하나님께서 열어가실 길을 바라보며 전진하는 태도가 필요하다.

✿ **미래의 나(Future Self) 질문**
나는 기도로 어떤 미래를 디자인할 것인가?

✿ **기도 기록(Prayer Journal)**
내가 하나님께 맡기고 싶은 미래의 영역은 무엇인가?

....
....

미래를 위해 오늘 내가 결단하고 기도해야 할 것은 무엇인가?

....
....

하나님이 내게 주신 비전과 약속은 무엇인가?

....
....

✿ **기도로 선포하라.**
주님, 저의 미래가 주님의 손에 있음을 믿습니다.
저의 생각과 계획이 아니라
하나님의 뜻과 계획으로 제 삶이 인도되길 원합니다.
기도로 내일을 준비하게 하시고
믿음으로 미래를 선포하며 살아가게 하소서.
하나님의 지혜로 오늘의 결정을 내리게 하시고
저의 삶이 주님이 기뻐하시는 열매 맺는 인생이 되게 하소서.
예수님의 이름으로 기도합니다. 아멘!

Day 29
과거를 끊고 미래로 나아가다

1. 왜 우리는 과거에 묶이는가?

"형제들아 나는 아직 내가 잡은 줄로 여기지 아니하고 오직 한 일 즉 뒤에 있는 것은 잊어버리고 앞에 있는 것을 잡으려고"(빌립보서 3:13)

우리의 삶에는 과거에 묶이는 순간이 많다. 후회스러운 실수, 해결되지 않은 상처, 실패로 인해 생긴 열등감, 놓쳐버린 기회들 ….

그러나 하나님은 우리를 과거에 묶어두시지 않는다. 오히려 하나님은 우리가 과거를 정리하고 새로운 삶을 향해 나아가기를 원하신다.

첫째, 실패와 후회에 매일 때

"대저 의인은 일곱 번 넘어질지라도 다시 일어나려니와 악인은 재앙으로 말미암아 엎드러지느니라"(잠언 24:16)

- 어떤 사람들은 과거의 실패를 반복적으로 곱씹으며 자책한다.
- '내가 그때 그렇게 하지 않았더라면', '다시 기회가 오지 않을 거야'라고 생각

하며 후회 속에 갇힌다.
- 그러나 하나님은 우리가 넘어진 자리에서 다시 일어나기를 원하신다.
- 질문:
    * 나는 과거의 실수를 계속 되새기며 나아가지 못하는가?
    * 하나님께서 내 실패 속에서도 역사하신다는 사실을 믿고 있는가?

둘째, 상처와 용서하지 못함

"너희가 사람의 잘못을 용서하면 너희 하늘 아버지께서도 너희 잘못을 용서하시려니와"(마태복음 6:14)
- 과거의 상처를 잊지 못하면 우리의 마음은 계속 그 자리에 머무른다.
- 특히 다른 사람에게 받은 상처나 배신은 우리를 쉽게 묶어두고 성장하지 못하게 만든다.
- 하나님은 우리가 용서하고 상처를 내려놓기를 원하신다.
- 질문:
    * 나는 아직도 해결되지 않은 상처를 품고 있는가?
    * 하나님 앞에서 그 상처를 내려놓고 용서할 결단을 할 수 있는가?

셋째, 죄책감과 자기 비하

"여호와의 말씀이니라 너희를 향한 나의 생각을 내가 아나니 평안이요 재앙이 아니니라 너희에게 미래와 희망을 주는 것이니라"(예레미야 29:11)
- 우리는 과거의 죄 때문에 죄책감에 시달릴 때가 있다.
- '나는 이런 사람이었기 때문에 하나님께 쓰임 받을 수 없어'라는 생각에 갇혀 버린다. 그러나 하나님은 우리의 과거보다 더 크신 분이다.
- 질문:
    * 나는 내 과거 때문에 하나님의 용서를 온전히 누리지 못하고 있는가?

* 하나님이 내게 새 출발의 기회를 주셨다는 사실을 믿는가?

2. 성경 속 인물들의 과거와 회복

첫째, 모세: 과거의 실수를 넘어서다.
- 모세는 젊은 시절에 충동적으로 애굽 사람을 죽이고 도망자 신세가 되었다 (출애굽기 2:12).
- 그는 40년 동안 광야에서 숨어 지내며 자신의 과거를 후회했을 것이다.
- 그러나 하나님은 그를 다시 부르셨고 이스라엘을 출애굽시키는 위대한 사명을 맡기셨다.
- 하나님은 우리의 실수를 뛰어넘어 역사하신다. 과거의 실패가 하나님의 부르심을 막을 수 없다.

둘째, 베드로: 실패를 넘어 사명자로 변화되다.
- 베드로는 예수님을 세 번이나 부인한 후에 깊은 죄책감과 절망 속에 있었다 (마태복음 26:75).
- 하지만 부활하신 예수님은 베드로를 다시 찾아오셔서 사명을 회복시키셨다 (요한복음 21:15-17).
- 하나님은 우리의 실수를 기억하지 않으시고 새로운 기회를 주신다.

셋째, 사도 바울: 과거를 끊고 복음 전도자가 되다.
- 바울은 한때 기독교인을 핍박하던 사람이었지만 예수님을 만나고 완전히 변화되었다 (사도행전 9:1-19).
- 그는 과거를 붙잡고 있지 않고 하나님의 부르심을 따라 새로운 삶을 살았다.
- 하나님은 과거가 아닌 미래를 보고 계신다.

3. 과거를 끊고 미래를 향해 나아가는 다섯 가지 기도 원칙

- 우리도 과거를 떠나지 못하면 앞으로 나아갈 수 없다.
- 실패와 후회를 계속해서 붙잡고 있으면 새로운 기회를 향해 달릴 힘을 잃어버린다.
- 하나님께서는 우리가 낡은 삶을 끊고 새로운 미래를 향해 나아가도록 도우신다. 이제 과거의 짐을 내려놓고 하나님께서 예비하신 길을 걸어가야 한다.

첫째, 하나님께 내 과거를 내려놓는 기도

"주님, 제 과거의 실수와 후회를 모두 주님 앞에 내려놓습니다. 더 이상 제 힘으로 해결하려 하지 않고 주님의 은혜로 자유하게 하소서."

둘째, 용서와 회복을 위한 기도

"주님, 제 마음속에 아직도 남아 있는 상처를 치유해 주시고 저를 힘들게 했던 사람들을 용서할 수 있도록 도와주소서."

셋째, 새로운 삶을 향한 결단의 기도

"주님, 제 과거의 실패가 아니라 주님께서 예비하신 미래를 바라보며 나아가겠습니다."

넷째, 믿음으로 한 걸음을 내딛는 기도

"주님, 오늘 저의 삶이 변화되도록 작은 믿음의 걸음을 내딛겠습니다. 주님이 인도하시는 대로 순종하게 하소서."

다섯째, 미래의 소망을 붙잡는 기도

"주님, 저의 미래는 주님께 속해 있습니다. 주님께서 주시는 비전과 꿈을 바라보며 새로운 걸음을 내딛겠습니다."

✻ **미래의 나(Future Self) 질문**
과거를 끊고 나아갈 때 어떤 미래가 기다리고 있을까?

✻ **기도 기록(Prayer Journal)**
아직도 붙잡고 있는 과거의 기억은 무엇인가?

....
....

하나님께 내려놓아야 할 후회와 상처는?

....
....

오늘 내가 하나님께 결단할 새로운 출발은 무엇인가?

....
....

✻ **기도로 선포하라.**
주님,
이제는 과거에 얽매이지 않겠습니다.
실패와 후회, 상처와 죄책감에서 벗어나
주님이 예비하신 미래를 향해 나아가겠습니다.
주님께서 제 삶을 새롭게 하실 것을 믿습니다.
오늘도 믿음으로 걸어가겠습니다.
예수님의 이름으로 기도합니다. 아멘!

Day 30
비전과 소명을 깨우다

1. 비전(Vision)과 소명(Calling)의 성경적 이해

첫째, 비전(Vision): 하나님이 보여주시는 미래적 그림과 목표
- 비전은 하나님께서 개인, 공동체, 민족에게 보여주시는 미래의 방향과 그림이다.
- 아직 이루어지지 않았지만 하나님이 준비하신 꿈과 목표로 우리 마음과 생각 안에 심어주신다.
- 현실을 넘어 미래를 바라보게 하고 현재의 삶을 준비하고 견디게 만드는 힘이 된다.

    아브라함: "너로 큰 민족을 이루고 … 너는 복이 될지라"(창세기 12:2)
    요셉: 해와 달과 별이 절하는 꿈(창세기 37장)
    바울: "로마에서도 증언하여야 하리라"(사도행전 23:11)

- 비전은 하나님이 보여주시는 '그림'이며 "내가 어디로 가야 할까?"를 알려주

는 '방향'과 '목표'다.

둘째, 소명(Calling): 하나님이 지금 나를 부르시는 구체적 자리와 역할
- 소명은 하나님이 지금 나를 부르셔서 '해야 할 역할'을 맡기시는 것이다.
- 소명은 현재적이며, 특정 시대와 상황 속에서 '내가 무엇을 해야 하는가'에 대한 응답이다.
- 직업이나 삶의 자리에서도 나타나며 복음과 하나님의 나라를 위해 헌신하는 삶의 방식으로도 나타난다.

> 모세: "내 백성 이스라엘 자손을 애굽에서 인도하여 내게 하리라"(출애굽기 3:10)
> 에스더: "이때를 위함이 아닌지"(에스더 4:14하)
> 베드로: "내 양을 먹이라"(요한복음 21:17하)

- 소명은 '지금 내가 해야 할 일과 역할'이며 "하나님이 나를 왜 지금 이곳에 두셨는가?"에 대한 해답이다.

> **"일어나 너의 발로 서라 내가 네게 나타난 것은 곧 네가 나를 본 일과 장차 내가 네게 나타날 일에 너로 증인을 삼으려 함이니"(사도행전 26:16)**

- 하나님께서 우리 각자에게 주신 비전과 소명은 인생의 방향과 이유를 결정짓는 하나님의 부르심이다. 그러나 현실의 무게 속에서 이 비전과 소명을 잃고 살아갈 때가 많다.
- 오늘 우리는 기도로 잊고 지냈던 하나님의 부르심을 다시 깨우고 내 삶의 목적을 분명히 붙드는 시간을 갖고자 한다.

2. 비전과 소명을 깨우는 성경적 교훈과 인물들

첫째, 하나님이 주신 비전은 현실의 고난을 넘어서는 힘이 됨을 기억해야 한다.
- 요셉은 형들의 미움과 억울한 누명, 감옥살이라는 고난을 겪었지만 하나님이 주신 꿈과 비전을 끝까지 잃지 않았다.
- 결국 애굽의 총리가 되어 민족과 세계를 살리는 사명을 이루게 되었다.

   "당신들이 생명을 구원하시려고 나를 … 당신들보다 먼저 보내셨나이다"(창세기 45:5)

둘째, 하나님은 반드시 사명의 때를 주심을 깨달아야 한다.
- 에스더는 평범한 유대 여인이었지만 '이때를 위함이 아닌가'라는 부르심 앞에 민족을 구하는 사명자가 되었다.
- 하나님은 우리 각자에게 반드시 감당할 사명의 때를 준비하신다.

   "죽으면 죽으리이다"(에스더 4:16하)

셋째, 하나님의 비전은 공동체의 회복과 생명을 살리는 사명으로 나타남을 마음에 새겨야 한다.
- 느헤미야는 왕의 술 맡은 관원으로 안락한 삶을 살고 있었지만 무너진 예루살렘 성벽 소식을 듣고 민족의 아픔을 자기 소명으로 받아들였다.
- 그는 공동체를 살리는 비전으로 다시 일어섰다.

   "내가 이 말을 듣고 앉아서 울고 수일 동안 슬퍼하며 하늘의 하나님 앞에 금식하며 기도하여"(느헤미야 1:4)

넷째, 하나님은 남자뿐 아니라 여자에게도 민족과 세대를 살리는 비전을 주심을 믿어야 한다.

- 드보라는 선지자이자 사사로 부름받아 전쟁의 선두에 섰고 이스라엘을 승리로 이끌었다.
- 하나님은 시대의 어둠 속에서도 한 여인을 들어 민족을 살리는 역사를 이루셨다.

"깰지어다 드보라여 깰지어다 깰지어다 너는 노래할지어다"(사사기 5:12상)

3. 비전과 소명을 깨우는 다섯 가지 기도 원칙

첫째, 하나님의 부르심 앞에 다시 서는 기도

"주님, 다시 부르시는 그 음성에 귀 기울이게 하시고 잊었던 사명을 깨닫게 하소서."

- 하루 10분 '침묵 기도' 시간을 정해 내 마음의 소리를 멈추고 하나님의 음성에 집중해 보라.
- 하나님께 내 인생의 사명을 구체적으로 묻고 일주일간 말씀 묵상으로 답을 찾는 시간을 가져보라.

둘째, 열등감과 두려움을 이기고 담대함을 구하는 기도

"주님, 내 약함보다 크신 하나님을 바라보게 하시고 담대히 나아가게 하소서."

- 나를 묶고 있는 열등감이나 실패의 경험을 기록하고 매일 한 줄씩 하나님 앞에 내려놓는 기도를 드려보라.
- '나는 부족하지만 하나님이 하십니다'라는 믿음의 선언을 하루 세 번 선포해 보라.

셋째, 비전과 소명의 구체적 회복을 위한 기도

"주님, 지금 내 삶의 자리에서 감당해야 할 소명을 분명히 보게 하소서."

- 나의 재능, 경험, 현재 상황을 적어보고 그것을 통해 섬길 수 있는 사람이나 영역을 정리해 보라.
- "하나님, 지금 나를 필요로 하는 곳이 어디입니까?" 질문하며 매일 기도하고 작은 사역부터 실천해보라.

넷째, 실천과 순종의 결단을 위한 기도

"하나님, 깨달음으로 그치지 않고 오늘 작은 실천부터 시작하게 하소서."

- '내가 지금 당장 할 수 있는 행동 하나'를 적고 오늘 바로 실천해보라.
  (예: 오래 연락 끊긴 사람에게 먼저 안부 전화하기, 섬길 대상 찾아보기)
- 매주 '비전 실천 일지'를 작성하며 내가 실행한 내용을 기록하고 점검해 보라.

다섯째, 끝까지 사명을 감당하게 하는 능력을 구하는 기도

"주님, 처음 사랑과 열정을 잃지 않고 끝까지 달려가게 하소서."

- 내가 삶의 끝까지 붙들어야 할 사명을 문장으로 정리해 적고 매일 아침 선포해 보라.
- 한 달에 한 번 '비전 점검의 날'을 정해 스스로 돌아보고 멘토나 믿음의 동역자와 함께 점검 받는 시간을 가져보라.

❋ **미래의 나(Future Self) 질문**

하나님이 주신 비전과 소명을 이루는 나의 미래는 어떤 모습인가?

❋ **기도 기록(Prayer Journal)**

하나님께서 내게 다시 주시는 비전과 사명은 무엇인가?

....
....

사명을 가로막고 있는 내 안의 장애물은 무엇인가?

....
....

오늘 당장 순종하며 실천해야 할 구체적인 행동은 무엇인가?

....
....

❋ **기도로 선포하라.**

주님,
다시 저를 부르시는 음성에 응답합니다.
잊고 있던 비전과 소명을 다시 붙잡습니다.
고난과 현실에 주저앉지 않고 하나님의 부르심을 따라 일어서겠습니다.
요셉처럼, 에스더처럼, 느헤미야와 드보라처럼
세상을 살리는 하나님의 사람으로 다시 서겠습니다.
예수님의 이름으로 기도합니다. 아멘!

Day 31
기도로 나의 정체성을 다시 세우다

1. 정체성이란 무엇인가?

정체성이란 '나는 누구인가?'에 대한 하나님의 정의이며 하나님의 자녀라는 신분과 존재 가치를 말한다. 성경은 우리의 가장 근본적이고 변하지 않는 정체성을 '하나님의 자녀'라고 선포한다.

- **성경적 근거:** "영접하는 자 곧 그 이름을 믿는 자들에게는 하나님의 자녀가 되는 권세를 주셨으니"(요한복음 1:12).
- **핵심 의미:** 정체성은 세상이나 사람들의 평가로 정해지는 것이 아니라 하나님이 부여하신 '자녀됨'의 신분이다.
- 성공과 실패, 환경과 상황에 상관없이 하나님의 자녀라는 신분은 변하지 않는다.
- 하나님의 자녀라는 정체성은 우리의 존재 가치와 삶의 기준이 되는 근원적 진리다.
- "나는 하나님의 자녀다. 과거의 실패도, 사람들의 평가도, 세상의 조건도 나를 정의할 수 없다. 나는 하나님께서 값주고 사신 존귀한 자녀다."

- 우리는 종종 세상의 평가와 과거의 실패, 상처로 인해 내 정체성을 잃고 흔들리며 살아간다. 그러나 하나님은 우리를 향해 변함없는 정체성을 선포하신다.
- 우리는 하나님의 자녀이며 그리스도 안에서 새로운 피조물이다.
- 오늘 기도를 통해 다시 하나님의 시선으로 나를 바라보며, 참된 정체성을 회복해야 한다.

2. 성경 속에서 배우는 정체성 회복의 교훈

첫째, 하나님의 자녀라는 정체성은 내 조건이 아니라 하나님의 은혜로 주어진 것임을 기억해야 한다.
- 탕자는 아버지의 집을 떠났지만 돌아왔을 때 아버지는 아들의 신분을 회복시켰다(누가복음 15:24).

둘째, 과거의 실패와 사람들의 평가가 아니라 하나님 안에서 새롭게 정의된 내가 참된 나임을 깨달아야 한다.
- 모세는 광야의 실패자였지만 하나님은 '이스라엘의 지도자'로 부르셨다(출애굽기 3:9).

셋째, 우리는 그리스도 안에서 새로운 피조물이 되어 과거의 상처와 열등감에서 자유함을 얻은 존재임을 믿어야 한다.
- 바울은 교회를 핍박했으나 '이방인의 사도'로 부름받았다(고린도전서 15:10).

3. 정체성을 세우는 기도 원칙

과거의 상처와 실패를 끊어내도록 기도해야 한다.
- 기도 시간에 구체적으로 나를 묶고 있는 과거의 실패와 상처를 적어 내려가야 한다.
- "이 모든 실패와 상처는 더 이상 나를 정의하지 않는다. 나는 그리스도 안에서 새 사람이다"라고 선포해야 한다.

말씀을 붙들고 정체성을 회복하도록 기도해야 한다.
- 하루에 한 구절씩 '나의 정체성'을 선포하는 말씀을 정해 암송해야 한다.
- "나는 그리스도 안에서 새로운 피조물이다"(고린도후서 5:17), "나는 하나님의 걸작(傑作, masterpiece)이다"(에베소서 2:10).

내 이름을 넣어 선포하며 기도해야 한다.
- 오늘의 자리에서 하나님의 자녀답게 행동하는 실천 기도를 해야 한다.
- 가정, 직장, 관계 속에서 '하나님의 자녀로 어떻게 행동할까'를 매일 구체적으로 적어야 한다.
- 예를 들면, 오늘 상처 주는 말들을 삼가겠다, 약한 이를 돕겠다, 진실만 말하겠다.

열등감과 비교의 사슬에서 벗어나게 해달라고 기도해야 한다.
- 비교하고 있는 대상을 기도 속에 적고, "나는 하나님이 지으신 독특한 존재다"라고 선포해야 한다.
- 하나님이 주신 나의 장점을 찾아 감사하며 적는 기도로 마무리해야 한다.

✿ **미래의 나(Future Self) 질문**
기도로 새롭게 세워지는 나의 미래의 정체성은 무엇인가?

✿ **기도 기록(Prayer Journal)**
내가 끊어내야 할 과거의 실패나 거짓된 정체성은 무엇인가?

....
....

오늘 하나님께서 내게 다시 확인시켜주시는 정체성은 무엇인가?

....
....

오늘 바로 실천해야 할 하나님 자녀로서의 행동은 무엇인가?

....
....

✿ **기도로 선포하라.**
주님,
저는 하나님의 사랑받는 자녀입니다.
과거의 실패나 세상의 평가는 이제 저를 규정할 수 없습니다.
저는 그리스도 안에서 새롭게 지음 받은 존재입니다.
오늘 하루, 이 정체성을 붙들고 세상 속에서도 당당히 살아가겠습니다.
저를 통해 하나님의 영광이 드러나게 하소서.
예수님의 이름으로 기도합니다. 아멘!

Part 5

이제는 살아내야 할 때

기도가
삶이 되는 자리로

— Day 32 ~ Day 37 —

기도는 결국 삶으로 드러나야 한다.
기도한 대로 살아가고
기도로 세상 속에서 버티고 승리해야 한다.
이 여정은 무너진 자리에서 다시 일어나고
행동하는 믿음으로 살아내는 시간이다.
나는 기도로 세상을 이기고
삶의 자리에서 역전의 주인공이 된다.

| 미래를 바꾸는 40일 기도 챌린지 |

Day 32. 행동하는 기도의 힘을 회복하다
Day 33. 무너진 나를 붙들고 영적으로 다시 서다
Day 34. 기도의 열매로 간증하다
Day 35. 일터에서 기도로 버텨내다
Day 36. 귀신을 내쫓고 권세를 회복하다
Day 37. 떠난 이의 빈자리에 드리는 기도: 장례예배 기도

Day 32
행동하는 기도의 힘을 회복하다

1. 기도한 대로 행하는 신앙인

"너희는 나를 불러 주여 주여 하면서도 어찌하여 내가 말하는 것을 행하지 아니하느냐"(누가복음 6:46)

- 기도는 신앙의 본질이지만 기도로 끝나는 신앙은 열매를 맺기 어렵다.
- 하나님은 우리가 기도한 대로 행동하고, 말씀에 순종하며 살아갈 때 역사하신다.
- 기도와 행동이 함께할 때 비로소 하나님의 능력이 삶 속에서 나타난다.
- 기도로 결단했다면 행동으로 실천해야 하고, 하나님의 응답을 기다린다면 믿음으로 한 걸음을 내디뎌야 한다.
- 도움이 필요한 사람을 위해 기도했다면 사랑으로 섬겨야 하고, 변화되기를 원한다면 순종하는 자세로 나아가야 한다.
- 기도는 우리의 마음과 계획을 정리하는 시간이지만, 행동은 하나님의 뜻을 현실에서 이루어가는 과정이다.

2. 왜 기도한 대로 행동해야 하는가?

첫째, 기도는 믿음을 동반해야 한다.

"믿음이 없이는 하나님을 기쁘시게 하지 못하나니 하나님께 나아가는 자는 반드시 그가 계신 것과 또한 그가 자기를 찾는 자들에게 상 주시는 이심을 믿어야 할지니라"(히브리서 11:6)

- 기도는 하나님을 신뢰하는 행위이지만 믿음의 행동이 따르지 않는다면 응답을 경험하기 어렵다.
- 성경 속 수많은 인물들은 기도한 후, 믿음으로 행동함으로써 하나님의 놀라운 역사를 체험했다.
- 우리의 삶도 기도로만 멈추지 말고 하나님의 응답을 믿고 행동으로 옮겨야 한다.

둘째, 기도는 행동을 준비하는 과정이다.

"새벽 아직도 밝기 전에 예수께서 일어나 나가 한적한 곳으로 가사 거기서 기도하시더니"(마가복음 1:35)

- 예수님께서도 사역을 시작하기 전 기도로 준비하셨다.
- 기도는 하나님의 뜻을 구하고, 그 뜻에 순종하기 위한 시간이다.
- 그러나 기도만 하고 가만히 있다면 아무 일도 일어나지 않는다.
- 기도 후에는 하나님의 인도하심에 따라 한 걸음 내딛는 용기가 필요하다.

셋째, 기도는 순종하는 자에게 길을 연다.

"시몬이 대답하여 이르되 선생님 우리들이 밤이 새도록 수고하였으되 잡은 것이 없지만은 말씀에 의지하여 내가 그물을 내리리이다 하고"(누가복음 5:5)

- 베드로는 자신의 경험이 아닌 예수님의 말씀에 순종했을 때 놀라운 축복을

경험했다.
- 기도 후 기다림도 필요하지만 하나님께서 길을 보여주실 때 순종하며 나아가야 한다.
- 순종하는 자에게 하나님은 길을 여시고 아무도 닫을 수 없게 하신다.

3. 기도와 행동을 균형 있게 실천하는 방법

첫째, 하나님의 뜻을 분별한 후 행동하라.

"사람이 마음으로 자기의 길을 계획할지라도 그의 걸음을 인도하시는 이는 여호와시니라"(잠언 16:9)
- 기도 후 곧바로 행동하기보다 먼저 하나님의 뜻을 분별하는 것이 중요하다.
- 하나님의 인도하심과 감동을 따르고 그 뜻이 확인되면 두려움 없이 순종하며 실천해야 한다.

둘째, 믿음으로 작은 실천부터 시작하라.

"네 시작은 미약하였으나 네 나중은 심히 창대하리라"(욥기 8:7)
- 하나님은 거창한 계획보다 작은 믿음의 발걸음을 원하신다.
- 완벽한 준비를 기다리기보다 오늘이라도 당장 실천할 수 있는 작은 일부터 시작하라.
- 믿음의 작은 행동이 쌓일 때 하나님께서 더 큰 길을 열어주신다.

셋째, 기도한 후에도 끊임없이 행동하며 기다려라.

"풍세를 살펴보는 자는 파종하지 못할 것이요 구름만 바라보는 자는 거두지 못하리라"(전도서 11:4)
- 기도는 하나님의 응답을 기다리는 과정이지만 환경만 살피며 멈춰서는

안 된다.
- 행동으로 나아가며 하나님의 때를 기다려야 한다.
- 응답이 더딜지라도 포기하지 말고 끝까지 믿음으로 행해야 한다.

4. 기도와 행동이 균형을 이룰 때 나타나는 변화

- 기도와 행동이 함께할 때 기도의 능력은 더욱 강력해진다.
- 신앙이 말로만 그치는 것이 아니라 실제 삶 속에서 살아 움직이게 된다.
- 하나님의 응답을 체험하는 경험이 많아진다.
- 순종하는 자는 늘 하나님의 인도하심을 따라 올바른 길로 걸어가게 된다.

❈ **미래의 나(Future Self) 질문**
기도의 능력을 행동으로 옮긴 '미래의 나'는 어떤 변화와 성취를 경험하게 될까?

❈ **기도 기록(Prayer Journal)**
오늘 내가 기도하고도 행동하지 못한 부분은 무엇인가?
....
....

기도 후에 하나님의 인도하심을 따라 행동한 경험은 무엇이었는가?
....
....

믿음으로 당장 실천해야 할 작은 행동은 무엇인가?
....
....

❈ **기도로 선포하라.**
주님, 기도한 대로 행하는 믿음의 사람이 되게 하소서.
저의 기도가 말뿐인 신앙이 아니라 삶 속에서 실천되는 순종이 되게 하소서.
하나님의 뜻을 깨닫고 즉시 순종하며 나아가는 용기를 주소서.
기도와 행동이 균형을 이루어 하나님의 역사를 경험하는 삶을 살게 하소서.
오늘도 저의 걸음을 인도하시고 주의 뜻을 이 땅 가운데 이루어주소서.
예수님의 이름으로 기도합니다. 아멘!

Day 33
무너진 나를 붙들고 영적으로 다시 서다

1. 영적 침체의 원인과 회복의 길 찾기

"내 영혼아 네가 어찌하여 낙심하며 어찌하여 내 속에서 불안해 하는가 너는 하나님께 소망을 두라 그가 나타나 도우심으로 말미암아 내가 여전히 찬송하리로다"(시편 42:5)

- 영적 침체는 누구에게나 찾아오는 신앙의 고비다.
- 하나님과의 거리가 멀어지고 기도하고 싶은 마음마저 사라질 때 우리는 깊은 영적 침체를 경험하게 된다. 그러나 이때야말로 다시 하나님께 붙들려야 할 때임을 기억해야 한다.
- 영적 침체의 원인을 살피고 회복을 위한 길을 찾아야 다시 기도의 자리로 설 수 있다.

2. 영적 침체 현상

- 기도하고 싶은 마음이 사라진다.
- 성경이 잘 읽히지 않고, 말씀이 와닿지 않는다.
- 하나님이 멀리 계신 것처럼 느껴진다.
- 신앙생활이 의무적으로 느껴지고 감격이 사라진다.
- 예배와 기도 시간이 부담스럽게 느껴진다.

"내 영혼이 내 속에서 낙심이 되므로 내가 … 주를 기억하나이다"(시편 42:6)

3. 영적 침체는 언제 생기는가?

"세상의 염려와 재물의 유혹과 기타 욕심이 들어와 말씀을 막아 결실하지 못하게 되는 자요"(마가복음 4:19)

- **기도 응답이 지연될 때:** 하나님께 간절히 기도했지만 응답이 오지 않을 때 영적 침체가 찾아올 수 있다.
- **삶의 위기와 고난을 겪을 때:** 건강 문제, 재정적 어려움, 관계의 단절 등 현실의 문제로 인해 영적으로 힘들어질 때가 있다.
- **신앙의 열정이 식어갈 때:** 처음에는 뜨겁게 신앙생활을 했지만 시간이 지나며 무기력해지고 신앙에 대한 열정이 사라질 때 발생한다.
- **죄의 영향으로 인해 하나님과 멀어질 때:** 반복되는 죄의 유혹과 타협으로 인해 하나님과의 거리가 멀어지면서 기도가 막힐 수 있다.
- **과도한 바쁨과 피로로 인해 영적인 균형이 깨질 때:** 세상일에 너무 바빠지면서 기도와 말씀을 등한시하게 되면 영적 침체가 올 수 있다.

4. 영적 침체 속에서도 기도를 멈추지 않는 법

영적 침체는 누구에게나 찾아올 수 있지만, 그 속에서도 기도를 지속하는 것이 회복의 열쇠다. 하나님께서는 낙심한 자의 기도를 들으시고 다시 일어설 힘을 주신다.

첫째, 하나님께 솔직하게 기도하라.

"이는 곧 나의 하나님, 나의 하나님, 어찌하여 나를 버리셨나이까 하는 뜻이라"(마태복음 27:46하)

- 예수님도 십자가 위에서 하나님께 절박한 기도를 드리셨다.
- 영적 침체 속에서는 형식적인 기도가 아닌, 솔직한 기도를 하나님께 올려야 한다.
- 감정을 숨기지 말고 있는 그대로 하나님께 부르짖으라.

둘째, 침묵 속에서 하나님의 음성을 기다리라.

"나의 반석이시요 나의 구속자이신 여호와여 내 입의 말과 마음의 묵상이 주님 앞에 열납되기를 원하나이다"(시편 19:14)

- 기도가 막힐 때는 조용히 하나님의 음성을 듣는 기도를 시도하라.
- 억지로 말하려 하지 말고 침묵 속에서 하나님을 바라보라.
- 성경 말씀을 묵상하며 하나님의 뜻을 구하라.

셋째, 감사의 기도를 드려라.

"감사함으로 그의 문에 들어가며 찬송함으로 그의 궁정에 들어가서 그에게 감사하며 그의 이름을 송축할지어다"(시편 100:4)

- 영적 침체 속에서도 감사할 제목을 찾는 것이 회복의 시작이다.

- 하나님이 주신 은혜를 기억하고 감사의 기도를 드리라.
- 작은 것부터 감사하기 시작하면 영혼이 다시 살아나기 시작한다.

넷째, 공동체 안에서 회복을 구하라.
  "두 사람이 한 사람보다 나음은 그들이 수고함으로 좋은 상을 얻을 것임이라"(전도서 4:9)
- 신앙이 흔들릴 때는 혼자 버티려 하지 말고, 영적인 공동체의 도움을 받으라.
- 기도 제목을 나누고 중보기도를 요청하라.
- 믿음의 형제자매와 함께 예배하고 교제할 때 영적 침체에서 회복될 수 있다.

5. 영적 침체 속에서 기도했던 성경 속 인물들

- 신앙의 여정에서 영적 침체를 경험하는 것은 특별한 일이 아니다.
- 성경 속에도 깊은 절망과 시험 가운데 있었지만 기도로 다시 회복된 인물들이 있다.
- 그들은 절망 속에서도 하나님께 부르짖었고 하나님은 그들의 기도를 들으시고 회복시키셨다.

첫째, 다윗: 낙심한 영혼으로 부르짖다.
  "내 하나님이여 내 하나님이여 어찌 나를 버리셨나이까"(시편 22:1상)
- 다윗은 여러 차례 영적 침체를 경험했다.
- 사울 왕에게 쫓기고, 자신의 죄로 인해 하나님과 멀어진 때도 있었다.
- 그러나 그는 깊은 절망 가운데에서도 하나님을 찾으며 기도했다.

둘째, 엘리야: 절망 속에서 하나님을 찾다.

"여호와여 넉넉하오니 지금 내 생명을 거두시옵소서 나는 내 조상들보다 낫지 못하니이다 하고"(열왕기상 19:4하)
- 갈멜산에서 대승리를 거둔 후에 이세벨의 위협으로 깊은 낙심을 경험했다.
- 광야로 도망쳐 극심한 피로와 절망 속에서 하나님께 죽기를 구했다.
- 그러나 하나님은 그를 외면하지 않으시고, 먹이시고 회복시키셨다.

셋째, 욥: 극심한 고난 가운데 기도하다.

"이르되 내가 모태에서 알몸으로 나왔사온즉 또한 알몸이 그리로 돌아가올지라 주신 이도 여호와시요 거두신 이도 여호와시오니 여호와의 이름이 찬송을 받으실지니이다 하고"(욥기 1:21)
- 가족과 재산, 건강을 모두 잃고 극심한 고난을 경험했다.
- 친구들조차 그의 믿음을 의심하며 정죄했다.
- 그러나 욥은 끝까지 하나님께 기도하며 자신의 고통을 토로했다.

넷째, 요나: 회피하다가 회개의 기도를 드리다.

"이르되 내가 받는 고난으로 말미암아 여호와께 불러 아뢰었더니 주께서 내게 대답하셨고 내가 스올의 뱃속에서 부르짖었더니 주께서 내 음성을 들으셨나이다"(요나 2:2)
- 하나님의 부르심을 피해 도망치다가 폭풍을 만나고 결국 바다에 던져졌다.
- 물고기 배 속에서 깊은 절망 속에 빠졌을 때 회개했다.
- 하나님은 그의 기도를 들으시고 다시 사명을 주셨다.

다섯째, 예수님: 십자가를 앞두고 기도하다.

"내 아버지여 만일 할 만하시거든 이 잔을 내게서 지나가게 하옵소서 그러나

나의 원대로 마시옵고 아버지의 원대로 하옵소서 하시고"(마태복음 26:39하)
- 겟세마네 동산에서 십자가의 고난을 앞두고 깊은 고뇌 속에 기도하셨다.
- 육체적, 정신적, 영적 고통 가운데 있었지만 끝까지 하나님의 뜻을 따랐다.
- 기도를 통해 하나님의 뜻을 받아들이고 순종하셨다.

6. 영적 침체 속에서 기도를 지속하면 나타나는 변화

- 하나님과의 관계가 회복된다.
- 영적인 눈이 열리고, 하나님의 뜻을 더 깊이 깨닫게 된다.
- 기도의 응답을 기다리는 힘이 생긴다.
- 다시 신앙의 열정을 회복하게 된다.

❋ 미래의 나(Future Self) 질문
기도를 통해 무너진 삶을 회복한 '미래의 나'는 어떤 새로운 모습으로 다시 서 있을까?

❋ 기도 기록(Prayer Journal)
지금 내가 영적으로 침체하였다고 느끼는 부분은 무엇인가?
....
....

하나님께 솔직히 고백하고 싶은 감정과 생각은 무엇인가?
....
....

오늘 감사해야 할 세 가지는 무엇인가?
....
....

❋ 기도로 선포하라.
주님,
영적 침체 속에서도 기도를 멈추지 않게 하소서.
내가 연약할 때도 하나님은 변함없이 나를 사랑하시고 함께하심을 믿습니다.
제 안의 낙심과 무기력을 하나님께 올려드리며, 다시 새 힘을 얻게 하소서.
기도로 다시 회복되는 은혜를 경험하게 하소서.
예수님의 이름으로 기도합니다. 아멘!

Day 34
기도의 열매로 간증하다

1. 간증이란?

"여호와께 감사하고 그의 이름을 불러 아뢰며 그가 하는 일을 만민 중에 알게 할지어다"(시편 105:1)
- 간증은 하나님의 역사하심을 기억하고 그분의 신실하심을 드러내는 행위다.
- 우리의 간증을 들은 사람들은 하나님을 더욱 신뢰하는 믿음을 얻게 된다.
- 간증은 단순한 이야기 나눔이 아니라 하나님의 살아 계심을 증거하는 신앙의 표현이다.

간증(Testimony)은 하나님께서 우리의 삶에서 행하신 일들을 나누는 신앙적 고백이다. 즉, 기도 응답, 신앙의 변화, 하나님의 역사하심을 경험한 순간들을 다른 사람들에게 전하는 것이며, 이를 통해 하나님께 영광을 돌리고, 다른 이들에게 믿음의 도전을 주는 강력한 도구다.

2. 성경이 말하는 간증의 중요성

"내가 주의 이름을 형제에게 선포하고 회중 가운데에서 주를 찬송하리이다"(시편 22:22)
- 간증은 하나님의 기적과 은혜를 선포하는 방법이다.
- 간증을 들은 사람들은 하나님의 신실하심을 체험하며 더욱 신뢰하게 된다.
- 하나님의 일하심을 나눌 때 우리의 신앙은 더욱 성장하고 견고해진다.

"사람은 열매를 보면 알 수 있다"(마태복음 7:16)고 말하며, 신앙의 열매는 삶의 변화와 행동을 통해 나타난다고 가르친다. 마찬가지로, 기도의 응답도 삶의 변화라는 열매로 드러난다.

3. 기도 응답의 열매는 어떻게 나타나는가?

- 기도는 삶을 변화시키는 열매를 맺는다(고린도후서 5:17, 참고 이사야 26:3).
- 기도를 통해 하나님의 공급과 채우심을 경험한다(시편 37:25, 마태복음 6:31-33).
- 기도의 응답은 기적과 치유로 나타날 수 있다(마가복음 9:23, 야고보서 5:15).
- 기도는 깨어진 관계를 회복시키고 용서를 이루게 한다(마태복음 5:23-24, 골로새서 3:13).

4. 간증의 역할과 목적

하나님께 영광을 돌리는 것
- 우리의 말과 행동을 통해 하나님을 높이는 것이다.

다른 사람에게 믿음의 도전을 주는 것
- 내가 받은 응답과 경험을 통해 다른 이들도 하나님을 신뢰하고 기도하도록 격려한다.

신앙 공동체를 더욱 단단하게 세우는 것
- 교회나 소그룹에서 간증을 나누면 서로에게 힘이 되고 신앙이 깊어진다.

자신의 믿음을 더욱 굳건히 하는 것
- 간증을 나누는 과정에서 하나님이 주신 은혜를 깨닫고 신앙을 더욱 견고히 할 수 있다.

5. 간증을 나누는 방법과 주의할 점

솔직하게 나누라.
- 간증은 꾸미거나 과장할 필요가 없다. 하나님께서 행하신 일들을 있는 그대로 나누라.

핵심을 강조하라.
- 간증을 나눌 때에는 하나님의 역사하심이 드러나는 부분을 명확하게 전달해야 한다.

성경에서 말하는 관점을 유지하라.
- 간증은 내 경험만이 아니라 성경적 진리 위에서 나누어야 한다.

간증을 통해 하나님을 높이라.
- 내가 한 것이 아니라 하나님께서 하신 일을 강조하며 영광을 돌려야 한다.

타인의 이야기를 함부로 공개하지 말라.
- 간증을 나눌 때 다른 사람의 삶이나 사적인 내용을 허락 없이 말하지 않도록 주의하라.

감정적으로 흥분하거나 과장하지 말라.
- 간증은 감동적인 순간이 많지만 지나치게 감정을 앞세우거나 극적인 요소를 부각시키려 하지 말라.

간증을 신비주의적으로 해석하지 말라.
- 모든 경험을 기적이나 특별한 계시로만 해석하기보다 하나님의 말씀과 조화를 이루는 방식으로 나누어야 한다.

해결되지 않은 문제에 대해 조급히 간증하지 말라.
- 아직 해결되지 않은 기도의 제목에 대해 섣불리 응답받았다고 단정 짓지 말고 하나님께서 역사하시는 과정에서 겸손하게 나누라.

❋ **미래의 나(Future Self) 질문**
나의 기도가 열매를 맺었을 때 '미래의 나'는 어떤 간증을 세상 앞에서 나누게 될까?"

❋ **기도 기록(Prayer Journal)**
최근 응답받은 기도는 무엇인가?
....
....

이 간증을 통해 하나님께서 나에게 주신 메시지는?
....
....

내 간증을 누구와 나눌 수 있을까?
....
....

❋ **기도로 선포하라.**
주님, 저의 삶 속에서 행하신 놀라운 일들을 기억하며
주님께 영광을 돌립니다.
제 간증이 다른 사람들에게 믿음의 도전이 되고
하나님의 살아 계심을 증거하는 도구가 되게 하소서.
제가 받은 은혜를 혼자 간직하지 않고
나누는 삶을 살게 하소서. 예수님의 이름으로 기도합니다. 아멘!

Day 35
일터에서 기도로 버텨내다

1. 일터에서 기도해야 하는 이유

"손을 게으르게 놀리는 자는 가난하게 되고 손이 부지런한 자는 부하게 되느니라"(잠언 10:4)
- 우리는 하루 중 많은 시간을 일터에서 보낸다.
- 직장과 사업장은 단순한 생계를 위한 곳이 아니라 하나님께서 맡겨주신 사명의 현장이다.
- 하나님께서 우리의 직업과 일터를 통해 일하시며 이를 통해 하나님 나라를 확장하신다.
- 일터에서 하나님의 인도하심을 구하고 매일 기도로 시작할 때 우리의 일터는 축복의 장이 된다.

오늘날 많은 직장인과 사업가들은 과중한 업무, 스트레스, 인간관계 문제, 재정적 부담 등으로 인해 어려움을 겪고 있다. 그러나 하나님은 우리의 직장과 사업장을 돌보시는 분이시며, 기도를 통해 지혜와 능력을 공급해 주신다.

2. 일터에서 하나님의 인도하심을 구하는 기도

첫째, 우리는 무엇보다 하나님을 최우선으로 삼고 기도해야 한다.

"무슨 일을 하든지 마음을 다하여 주께 하듯 하고 사람에게 하듯 말라"(골로새서 3:23)

- 매일 아침 "주님, 오늘 제 일터에서 주님의 뜻을 이루게 하소서"라고 기도하며 하루를 시작해야 한다.
- 우리의 직업과 사업, 업무의 모든 과정이 주님의 영광을 위한 일이 되기를 소망해야 한다.

둘째, 일터에서 하나님의 지혜와 인도를 구하는 기도가 필요하다.

"너의 행사를 여호와께 맡기라 그리하면 네가 경영하는 것이 이루어지리라"(잠언 16:3)

- 업무의 크고 작은 결정 앞에서 우리는 기도해야 하며, 문제를 만날 때마다 성령님의 지혜와 도우심을 구해야 한다.

셋째, 정직과 신뢰를 지키는 기도를 드려야 한다.

"지극히 작은 것에 충성된 자는 큰 것에도 충성되고"(누가복음 16:10)

- 우리는 작은 일 하나에도 정직하고 성실하게 임해야 한다.
- 하나님께서 우리의 일터를 견고하게 하시고 우리의 손길 위에 축복을 더해주시도록 기도해야 한다.

넷째, 관계의 평화를 위해 기도해야 한다.

"이같이 너희 빛이 사람 앞에 비치게 하여 그들로 너희 착한 행실을 보고 하늘에 계신 너희 아버지께 영광을 돌리게 하라"(마태복음 5:16)

- 직장 내 인간관계에 있어서 우리는 하나님의 빛과 사랑을 전하는 사람이어야 한다.
- 우리의 말과 행동을 통해 화평을 이루고 하나님께 영광 돌리는 삶을 살아야 한다.

마지막으로, 재정과 형통을 위해 기도해야 한다.

"나의 하나님이 그리스도 예수 안에서 영광 가운데 그 풍성한 대로 너희 모든 쓸 것을 채우시리라"(빌립보서 4:19)

- 재정적 축복을 구하되 탐욕이 아니라 하나님의 뜻 안에서 기도해야 한다.
- 우리가 현재 하는 모든 일이 하나님 나라를 확장하는 도구가 되기를 소망해야 한다.

3. 일터에서 실천하는 구체적인 기도

출근 전 기도
- "주님, 오늘 하루의 모든 일정과 만남을 주님께 맡깁니다.
  제가 맡은 일에 성실하며, 하나님의 영광을 드러내는 하루가 되게 하소서."

중요한 결정 전 기도
- "주님, 이 결정이 하나님의 뜻에 맞는 것인지 분별하게 하소서.
  제 생각이 아닌, 주님의 지혜를 따르게 하소서."

어려운 관계 속에서 드리는 기도
- "주님, 직장에서의 모든 관계가 평안하도록 도와주소서.

사람들과의 갈등 속에서도 사랑과 인내로 대하게 하소서."

업무 중간에 드리는 기도
- "하나님, 지금, 이 순간 제게 지혜와 집중력을 주소서. 제 손을 통해 하나님의 일 하심이 나타나게 하소서."

퇴근 후 감사 기도
- "하나님, 오늘 하루도 함께해 주심에 감사합니다. 모든 어려움을 이길 힘을 주시고, 내일도 하나님과 함께하게 하소서."

4. 일터에서 기도할 때 주의할 점

먼저, 탐욕적인 동기에서 벗어나 하나님 뜻을 먼저 구하는 기도가 되어야 한다.
- 성공과 돈이 목적이 아니라 하나님의 영광과 하나님 나라 확장을 위해 기도해야 한다.

또한, 정직과 윤리를 지키는 기도를 지속해야 한다.
- 직장에서 유혹에 흔들리지 않고 공정하고 바른 선택을 하게 해달라고 기도해야 한다.

마지막으로, 사람과의 관계 속에서도 사랑과 화평을 구해야 한다.
- 내가 믿는 사람으로서 좋은 영향력을 끼치고 갈등 속에서도 성숙한 모습으로 대할 수 있도록 기도해야 한다.

❋ **미래의 나(Future Self) 질문**
일터에서 기도로 버텨낸 '미래의 나'는 어떤 영향력을 주변에 미치고 있을까?

❋ **기도 기록(Prayer Journal)**
오늘 직장에서 하나님의 도우심이 필요한 부분은 무엇인가?

....
....

직장에서 겪고 있는 어려움과 해결을 위해 기도해야 할 제목은 무엇인가?

....
....

오늘 하루 직장에서 하나님의 인도하심을 경험한 순간은 언제였는가?

....
....

❋ **기도로 선포하라.**
주님,
제 일터를 축복하시고
제가 하는 모든 일이 하나님의 영광을 드러내게 하소서.
정직과 성실로 일하게 하시고
모든 관계 속에서 화평을 이루게 하소서.
저의 직장이 하나님 나라를 확장하는 도구가 되도록 인도하소서.
예수님의 이름으로 기도합니다. 아멘!

Day 36
귀신을 내쫓고 권세를 회복하다

1. 영적 전쟁과 귀신을 내어 쫓는 기도의 권세

- 우리는 눈에 보이지 않는 영적 전쟁 속에서 살아가고 있다.
- 성경은 사탄과 악한 영들이 하나님의 백성을 미혹하고 공격한다고 경고하며, 이에 맞서 기도로 싸워야 한다고 가르친다.
- 예수님께서는 공생애 동안 귀신을 내어 쫓으시는 사역을 감당하셨고, 믿는 자들에게도 동일한 권세를 주셨다.

"**믿는 자들에게는 이런 표적이 따르리니 곧 그들이 내 이름으로 귀신을 쫓아 내며**"(마가복음 16:17상)

- 말씀하신 대로, 그렇다면 우리는 어떻게 영적 권세를 발휘하여 귀신을 내어 쫓는 기도를 할 수 있을까?

2. 성경에 나타난 귀신 들림의 주요 증상과 특징

첫째, 영적 반응이 비정상적이다.
- 예배나 기도 중에 강한 불안, 두려움, 분노, 폭력적인 반응을 보인다.
- 이는 하나님의 말씀을 들을 때 극도로 불편해하거나 회피하려는 행동으로 나타난다.
- 또 예수님의 이름이나 십자가에 대해 두려워하거나 공격적인 반응을 보인다.
- 예수님의 이름과 권세 앞에서 귀신은 두려워하며 떠나게 된다.

둘째, 초자연적인 현상이 나타난다.
- **비정상적인 행동:** 귀신 들린 사람은 무덤 사이를 배회하거나 예배 중에 통제되지 않는 언어 발화를 한다. 예수님의 이름 앞에서 두려워하거나 거부하는 반응을 보인다.
- **초인적인 힘:** 귀신 들린 사람은 쇠사슬을 끊거나 여러 사람이 제압해도 쉽게 통제되지 않는다. 이는 인간의 힘을 초과한 능력을 보이는 경우이다.
- **이상한 언어 사용:** 귀신 들린 사람은 불분명한 방언이나 욕설을 사용하며 다른 사람의 목소리가 아닌 다른 목소리로 말하거나 여러 인격처럼 말하기도 한다.
- **비정상적인 신체 반응:** 귀신 들린 사람은 몸에 경련을 일으키거나 비정상적인 움직임을 보인다. 또한 자해적인 행동을 보이며 자신을 다치게 한다.

셋째, 극단적인 자해나 파괴적인 행동이 나타난다.
- 귀신 들린 사람은 자신을 다치게 하거나 죽이려는 시도를 반복적으로 한다. 예를 들어, 벽에 머리를 부딪히거나 날카로운 물건으로 자해하는 행동을 보인다. 또한 주변 사람들에게 폭력적인 행동을 하며 가족이나 다른 사람을 해

하려 한다.

넷째, 특정한 장소나 사물에 대한 극단적인 반응을 보인다.
- 귀신 들린 사람은 십자가, 성경, 기도, 찬양, 예배 장소 등에 강한 거부감을 보인다.
- 예배나 기도 중에 갑자기 몸을 움츠리거나 고통스러워하는 반응을 보인다.
- 또한 교회에 들어가면 갑자기 두통, 메스꺼움, 현기증을 느끼고 교회를 떠나려 한다.
- 귀신은 하나님의 종을 알아보고 불필요하게 소리 지르며 방해하는 특성을 보인다.

3. 성경에서 나타난 귀신 들린 자들의 예시

첫째, 거라사 지방의 귀신 들린 자(마가복음 5:1-20)
- **비정상적인 행동:** 귀신 들린 사람은 무덤 사이를 배회하며 초인적인 힘으로 쇠사슬을 끊었다. 이는 통상적인 인간의 힘을 초과한 능력을 보였다.
- **자기 파괴적 행동:** 귀신 들린 사람은 스스로 돌로 몸을 해쳤다. 이는 자해적인 행동을 반복하는 특징을 보인다.
- **불안정한 상태:** 귀신 들린 사람은 밤낮으로 소리 지르며 극도의 불안정한 상태에 있었다.

둘째, 회당 안의 귀신 들린 자(마가복음 1:23-26)
- **영적 반응:** 귀신 들린 사람은 예수님을 알아보고 "하나님의 거룩한 자"라고 부르짖으며 두려워했다. 이는 영적 세계에 대한 인식과 예수님의 권세를 알아보는 반응이다.

- **거부 반응:** 귀신은 예수님의 권세를 두려워하고 거부하며 비정상적인 언어를 발했다.

셋째, 귀신 들림은 단순한 정신 질환이 아니라 초자연적인 현상이다.
- 성경에 나타난 귀신 들린 사람들의 행동과 증상은 비정상적인 신체적, 정신적, 영적 반응을 포함한다.
- 이러한 증상은 예수님의 권세로만 대적할 수 있으며 귀신 들림과 정신 질환을 정확히 구별해야 한다.

4. 귀신 들림과 정신 질환의 차이

귀신 들림과 정신 질환은 구별이 필요하다.
정신 질환은 의학적 치료가 필요하지만 귀신 들림은 영적 문제로 기도로 해결해야 한다.

구분	귀신 들림	정신 질환
주 원인	영적 영향(귀신의 역사)	뇌 기능 이상, 심리적 요인
반응	예수님의 이름과 성경에 강한 거부감	예배와 성경에 일반적 반응
행동	초인적 힘, 비정상적 음성, 방언, 신체 반응	혼잣말, 우울, 망상
치유 방법	기도와 영적 권세로 내쫓음	상담, 약물 치료, 심리적 치료
사례	거라사 귀신 들린 자 (마가복음 5장)	일반적인 조현병, 우울증 환자

5. 귀신을 내어 쫓는 성경적 근거와 기도의 원리

첫째, 예수님의 귀신 축출 사역
- 예수님은 많은 사람에게서 귀신을 내어 쫓으셨다(마태복음 8:16, 마가복음 1:34).
- 군대 귀신 들린 자를 자유하게 하셨다(마가복음 5:1-20).
- 귀신 들린 아이를 치유하셨다(마태복음 17:14-21).
- 제자들에게 귀신을 내어 쫓을 권세를 주셨다(누가복음 10:17).
- 사도 바울도 귀신 들린 여종을 해방시켰다(사도행전 16:16-18).

둘째, 믿는 자들에게 주신 영적 권세
"믿는 자들에게는 이런 표적이 따르리니 곧 그들이 내 이름으로 귀신을 쫓아내며"(마가복음 16:17상)
- 예수님의 이름으로 귀신을 대적할 권세가 주어졌다.

셋째, 귀신을 내어 쫓는 기도 원리
- 예수 그리스도의 이름과 권세를 선포해야 한다.
  * 귀신을 내쫓는 것은 사람의 능력이 아니라 오직 예수님의 이름과 권세로 가능한 일이다.
  * 사도 바울도 "예수 그리스도의 이름으로 명하노니, 나오라!"고 선포했고 귀신이 떠나갔다(사도행전 16:18).

"그러나 내가 하나님의 성령을 힘입어 귀신을 쫓아내는 것이면 하나님의 나라가 이미 너희에게 임하였느니라"(마태복음 12:28)

- 믿음과 성경 말씀으로 선포하라.
  * 예수님께서도 광야에서 말씀으로 사탄을 이기셨다.

＊ 귀신을 쫓아낼 때 두려움 없이 담대하게 믿음으로 선포해야 한다.
  "믿음이 없이는 하나님을 기쁘시게 하지 못하나니"(히브리서 11:6상)

● 죄를 회개하고 빛 가운데 거하라.
  ＊ 귀신이 틈타는 통로는 죄와 불순종이다.
  ＊ 귀신이 틈타지 않도록 죄를 회개하고 빛 가운데 거해야 한다.
  "그런즉 너희는 하나님께 복종할지어다 마귀를 대적하라 그리하면 너희를 피하리라"(야고보서 4:7)

● 귀신을 내어 쫓고 성령의 임재를 구하라.
  ＊ 귀신을 내쫓은 후에는 반드시 성령님의 임재로 채워야 한다.
  ＊ 그렇지 않으면 더 악한 영이 들어올 수 있음을 경계해야 한다.
  "이에 가서 저보다 더 악한 귀신 일곱을 데리고 들어가서 거하니 그 사람의 나중 형편이 전보다 더 심하게 되느니라"(누가복음 11:26)

6. 귀신을 내어 쫓는 실제 기도 예문

성령의 권세를 선포하는 기도

  ● "전능하신 하나님,
    주님께서 십자가에서
    사탄과 모든 어둠의 권세를 깨뜨리셨음을 선포합니다.
    지금 이 시간, 성령의 불로 임하여 주시고
    모든 어둠의 세력이 떠나가게 하옵소서.
    예수 그리스도의 이름으로 기도합니다. 아멘!"

예수님의 이름으로 귀신을 대적하는 기도
- "나는 예수 그리스도의 이름으로 명령한다.
  어둠의 영들아, 이곳에서 떠나가라!
  예수님의 보혈이 이곳을 덮고 보호하심을 선포한다.
  모든 두려움과 억압, 혼란을 일으키는 영들은 떠나가라.
  예수 그리스도의 이름으로 기도합니다. 아멘!"

성경 말씀을 선포하는 기도
- "주님, 주의 말씀은 살아 있고 능력이 있습니다.
  예수님의 이름으로 모든 원수의 거짓을 파하고,
  하나님의 진리가 이곳에 선포되게 하소서.
  하나님의 말씀대로, '원수를 대적하라 그리하면 도망하리라' 하셨으니,
  모든 악한 영들은 떠나가라.
  예수 그리스도의 이름으로 기도합니다. 아멘!"

하나님의 평안을 구하는 기도
- "주님, 이곳을 주님의 평안으로 채워 주소서.
  성령님, 임하셔서 하나님의 나라가 이곳에 세워지게 하소서.
  우리는 두려움이 아니라
  능력과 사랑과 평안의 영을 받았음을 선포합니다.
  예수 그리스도의 이름으로 기도합니다. 아멘!"

✿ **미래의 나(Future Self) 질문**
기도의 권세를 회복한 '미래의 나'는 영적 전쟁에서 어떻게 승리하며 살아갈 것인가?

✿ **기도 기록(Prayer Journal)**
최근 내가 느낀 영적 공격이나 불편함의 순간은 언제였는가?

....

....

그때 나는 어떻게 대응했는가?

....

....

오늘 나는 예수님의 이름으로 어떤 악한 영향력을 끊어내고 싶은가?

....

....

하나님이 주신 권세를 믿고 선포하는 말씀은 무엇인가?

....

....

✿ **기도로 선포하라.**
주님, 저에게 주신 영적 권세를 믿습니다.
예수님의 이름으로 모든 어둠의 세력을 대적하며
성령님의 능력 안에서 기도하게 하소서.
두려움이 아닌 믿음으로 승리하게 하시고
기도를 통해 하나님의 나라를 선포하게 하소서.
예수님의 이름으로 기도합니다. 아멘!

Day 37
떠난 이의 빈자리에 드리는 기도
장례예배 기도

1. 장례예배에서의 기도 의미

"예수께서 이르시되 나는 부활이요 생명이니 나를 믿는 자는 죽어도 살겠고 무릇 살아서 나를 믿는 자는 영원히 죽지 아니하리니 이것을 네가 믿느냐"(요한복음 11:25-26)

- 장례예배는 슬픔 속에서도 하나님의 위로와 소망을 경험하는 시간이다.
- 기도를 통해서 유가족을 위로하고 하나님의 사랑과 영원한 생명을 선포해야 한다.
- 죽음 앞에서 슬퍼하는 이들에게 천국의 소망을 상기시키며 하나님께서 함께 하심을 선포하는 것이 중요하다.
- 기도를 통해 슬픔을 이겨낼 힘을 얻고 하나님의 평안이 유가족과 모든 참석자에게 임하도록 구해야 한다.

2. 장례예배 기도의 핵심 원리

첫째, 하나님의 위로를 간구하는 기도

"모든 눈물을 그 눈에서 닦아 주시니 다시는 사망이 없고 애통하는 것이나 곡하는 것이나 아픈 것이 다시 있지 아니하리니 처음 것들이 다 지나갔음이러라"(요한계시록 21:4)
- 하나님께서 유가족의 슬픔을 위로하시고 평안을 주시도록 기도해야 한다.
- 인간적인 위로가 아닌 하나님의 사랑과 말씀으로 위로받을 수 있도록 간구해야 한다.

둘째, 영원한 생명의 소망을 선포하는 기도

"그러므로 우리가 낙심하지 아니하노니 우리의 겉사람은 낡아지나 우리의 속사람은 날로 새로워지도다"(고린도후서 4:16)
- 예수님을 믿는 자에게 죽음은 끝이 아님을 선포하며 천국의 소망을 강조하는 기도가 되어야 한다.
- 남겨진 이들이 영생의 소망을 붙잡고 살아갈 수 있도록 기도해야 한다.

셋째, 유가족을 위한 기도

"내가 너희를 고아와 같이 버려두지 아니하고 너희에게로 오리라"(요한복음 14:18)
- 사랑하는 사람을 잃은 유가족이 하나님의 위로를 경험할 수 있도록 기도해야 한다.
- 하나님께서 유가족을 강하게 붙드시고 삶을 새롭게 인도해 주시기를 간구해야 한다.

넷째, 감사를 담은 기도

"사망이 쏘는 것은 죄요 죄의 권능은 율법이라 우리 주 예수 그리스도로 말미암아 우리에게 승리를 주시는 하나님께 감사하노니"(고린도전서 15:56-57)

다섯째, 신앙의 유산을 계승하도록 기도

"우리가 이를 그들의 자손에게 숨기지 아니하고 여호와의 영예와 그의 능력과 그가 행하신 기이한 사적을 후대에 전하리로다"(시편 78:4)
- 고인이 남긴 신앙의 유산을 가족과 후손들이 이어가도록 기도해야 한다.
- 장례가 단순한 이별이 아니라 믿음의 유산을 계승하는 계기가 되도록 기도해야 한다.

3. 장례예배 기도문 구성

하나님을 찬양하며 시작하는 기도
- "거룩하시고 자비로우신 하나님, 우리를 창조하시고 인도하시며 생명의 주관자가 되심을 찬양합니다."
- "오늘 우리는 사랑하는 (고인 성함) 성도를 보내며 주님의 은혜를 기억합니다."

고인을 하나님께 맡기는 기도
- "주님, (고인 성함) 성도를 주님의 품에 맡깁니다. 그의 삶을 인도하시고 사랑하신 하나님께 감사를 드립니다."
- "이제 하나님께서 주신 평안 속에서 영원한 안식을 누리게 하옵소서."

유가족을 위한 위로의 기도
- "주님, 깊은 슬픔 속에 있는 유가족을 위로하여 주옵소서. 하나님의 평강이 그들의 마음을 다스리게 하옵소서."
- "사랑하는 사람을 잃은 아픔 가운데 있지만 주님께서 함께하심을 확신하게 하옵소서."

천국의 소망을 선포하는 기도
- "하나님, 이별은 슬프지만 믿는 자에게는 다시 만날 소망이 있음을 감사합니다."
- "천국의 소망을 더욱 확신하며 남겨진 자들이 하나님께 더욱 가까이 나아가게 하옵소서."

믿음의 유산을 이어가도록 하는 기도
- "(고인 성함) 성도께서 남긴 믿음의 유산을 가족과 후손들이 잘 이어가게 하시고 하나님을 더욱 사랑하게 하옵소서."
- "우리도 신실한 믿음의 길을 걸으며 하나님의 뜻을 이루는 삶을 살게 하옵소서."

감사와 헌신을 고백하며 마무리하는 기도
- "이 모든 기도를 들으시는 하나님을 찬양하며 예수 그리스도의 이름으로 기도드립니다. 아멘!"

4. 장례예배 기도문 예시

개회 기도

- "자비로우신 하나님 아버지, 오늘 우리는 사랑하는 (고인 성함)님을 주님의 품으로 보내드리며 함께 모였습니다.

  슬픔과 아픔 속에서도 주님께서 함께하시며 우리에게 위로와 평안을 주심을 믿습니다.

  이 시간, 주님께서 친히 이곳에 임재하셔서 유가족의 눈물을 닦아주시고 주님의 평강으로 함께하여 주옵소서.

  모든 예배의 순서를 통해 주님께서 홀로 영광 받으시기를 원하며 우리가 모두 다시 만날 천국의 소망을 새기게 하옵소서.

  예수님의 이름으로 기도드립니다. 아멘!"

유가족을 위한 중보기도

- "사랑과 위로의 하나님 아버지, 오늘 우리는 깊은 슬픔 속에 있습니다.

  하지만 주님께서 우리의 아픔을 아시며 모든 눈물을 닦아주시는 분이심을 믿고 의지합니다.

  특별히 유가족인 (유가족 이름)님들의 마음을 위로하여 주시고 그들이 슬픔 가운데서도 주님의 평안을 경험하도록 도와주시옵소서.

  주님, 사랑하는 가족을 떠나보낸 이들의 아픔이 크지만 주님께서 함께하심으로 인해 낙심하지 않도록 붙들어 주옵소서.

  고인의 삶을 돌아보며 감사할 수 있도록 인도하여 주시고 우리가 모두 믿음 안에서 다시 만날 소망을 갖게 하여 주옵소서.

  이 땅에서 남은 삶을 주님께 의탁하며 하나님의 선하신 계획 안에서 살아가게 하옵소서.

예수님의 이름으로 기도드립니다. 아멘!"

마무리 기도

- "전능하신 하나님, 오늘 우리가 함께 모여 (고인 성함)님의 삶을 기리며 장례 예배를 드릴 수 있도록 인도하심을 감사드립니다.

  비록 우리의 마음이 무겁고 슬프지만 주님께서 함께하심을 믿기에 소망을 가집니다.

  주님, 이제 (고인 성함)님을 주님의 사랑 안에서 평안히 쉬게 하시고 남겨진 가족들에게 강한 위로를 베풀어 주옵소서.

  이후의 삶 속에서도 주님과 더욱 가까이하며 주님의 뜻을 이루어가는 삶을 살도록 인도하여 주옵소서.

  이 모든 기도를 우리의 위로자 되시는 예수 그리스도의 이름으로 기도드립니다. 아멘!"

5. 장례예배에서 기도할 때 주의사항

- 슬픔을 강조하기보다는 하나님의 위로와 소망을 강조하라.
- 고인을 과장되게 미화하기보다는 진솔한 감사를 드리라.
- 예배의 목적을 벗어나지 않고 경건한 태도로 드리라.
- 유가족에게 신앙적으로 부담을 주지 않는 내용을 유지하라.

❖ **미래의 나(Future Self) 질문**
이별과 상실의 아픔 속에서 하나님의 위로를 경험한 '미래의 나'는 어떤 새로운 삶을 살아가고 있을까?

❖ **기도 기록(Prayer Journal)**
오늘 하나님의 위로가 필요한 유가족은 누구인가?
....
....

그들에게 전할 하나님의 약속과 소망은 무엇인가?
....
....

내가 유가족을 위해 기도하고 실천할 수 있는 것은 무엇인가?
....
....

❖ **기도로 선포하라.**
주님, 이 땅의 삶은 잠시지만 영원한 천국의 소망이 있음을 믿습니다.
우리의 삶과 죽음을 주관하시는 하나님을 신뢰하며
슬픔 속에서도 하나님의 위로와 평안을 경험하게 하소서.
남은 생애 동안 주님의 뜻을 이루며 살아가게 하시고
하나님을 향한 믿음을 더욱 굳건히 하도록 인도하여 주소서.
예수님의 이름으로 기도합니다. 아멘!

Part 6

기도로 세상을 뒤집다

역전의 증거로 서는 마지막 순간

— Day 38 ~ Day 40 —

기도는 나를 넘어 세상을 바꾼다.
역전의 사람들은 모두 기도로 세상을 움직였고
하나님의 역사를 만들어냈다.
이 마지막 여정은 나 역시 기도의 사람으로
역전의 증거가 되어 가는 시간이다.
나는 기도로 역사의 주인공이 되어야 한다.

| 미래를 바꾸는 40일 기도 챌린지 |

Day 38. 기도의 거장들처럼 살아가다
Day 39. 평범한 사람들의 기도로 세상을 뒤집다
Day 40. 이제, 당신의 역전이 시작된다

Day 38
기도의 거장들처럼 살아가다

1. 기도의 사람이란 누구인가?

"믿음의 기도는 병든 자를 구원하리니 주께서 그를 일으키시리라 혹시 죄를 범하였을지라도 사하심을 받으리라"(야고보서 5:15)

- 기도는 단순한 종교 행위가 아니라 하나님의 능력을 경험하는 통로다.
- 성경에는 기도를 통해 하나님의 역사를 끌어낸 사람들이 많다.
- 이들은 믿음과 인내로 기도하며 불가능한 상황 속에서도 하나님의 응답을 받았다.

- 기도는 신앙의 핵심이며 하나님의 능력이 풀어지는 강력한 수단이다.
- 성경 속 인물들은 기도를 통해 기적을 경험하고 민족과 나라를 변화시키며 영적 전쟁에서 승리를 거두었다.
- 그들의 삶을 통해 우리는 기도의 원리를 배우고 더 깊은 기도 생활로 나아갈 수 있다.

2. 다니엘: 변함없는 믿음과 꾸준한 기도

"다니엘이 이 조서에 왕의 도장이 찍힌 것을 알고도 자기 집에 돌아가서는 윗방에 올라가 예루살렘으로 향한 창문을 열고 전에 하던 대로 하루 세 번씩 무릎을 꿇고 기도하며 그의 하나님께 감사하였더라"(다니엘 6:10)

기도는 환경을 초월한 신앙의 힘이다!
- 다니엘은 왕의 금령 앞에서도 타협하지 않고 오직 하나님께만 기도하며 신앙을 지켰다.
- 그의 기도는 단순한 습관이 아니라 목숨을 건 믿음의 결단이었고, 하나님을 향한 절대적인 신뢰였다.
- 어려운 상황에서도 기도를 포기하지 말고 다니엘처럼 기도를 신앙의 중심에 두며 어떤 환경 속에서도 하나님을 찾는 삶을 살아야 한다.
- 기도는 위기의 순간에만 하는 것이 아니라 평소에 꾸준히 쌓아야 하는 영적 자산이며 신앙을 지키는 강력한 힘이 된다.

3. 모세: 중보 기도로 하나님의 뜻을 움직인 지도자

"모세가 여호와께로 다시 나아가 여짜오되 슬프도소이다 이 백성이 자기들을 위하여 금 신을 만들었사오니 큰 죄를 범하였나이다 그러나 이제 그들의 죄를 사하시옵소서 그렇지 아니하시오면 원하건대 주께서 기록하신 책에서 내 이름을 지워 버려 주옵소서"(출애굽기 32:31-32)

기도는 하나님의 뜻을 구하는 강력한 무기다!
- 모세는 단순한 리더가 아니라 하나님 앞에서 백성을 위해 끊임없이 중보한

기도의 사람이었다.
- 이스라엘 백성이 금송아지를 만들어 하나님을 배반했을 때에 그는 자신의 이름이 생명책에서 지워지는 한이 있더라도 백성을 용서해 달라고 간절히 기도했다.
- 이처럼 기도는 하나님 뜻을 구하며 백성을 위한 희생적 사랑의 표현이 된다.

4. 엘리야: 믿음의 기도로 기적을 경험한 사람

"엘리야가 모든 백성에게 가까이 나아가 이르되 너희가 어느 때까지 둘 사이에서 머뭇머뭇하려느냐 여호와가 만일 하나님이면 그를 따르고 바알이 만일 하나님이면 그를 따를지니라 하니 백성이 말 한마디도 대답하지 아니하는지라"(열왕기상 18:21)

기도는 하늘의 문을 여는 능력이다!
- 엘리야는 한 사람의 기도가 얼마나 강력한지를 보여준 선지자였다.
- 그의 기도는 하나님의 살아 계심을 증거하는 도구가 되었으며 시대의 변화를 이끄는 강력한 힘이었다.
- 그는 바알과의 영적 전쟁에서 기도로 승리했고, 하늘에서 불을 내리며 하나님의 권능을 드러냈다.
- 또한 이스라엘에 비가 내리지 않도록 기도했고, 다시 비가 내리도록 기도하여 하나님의 절대적인 주권을 나타냈다.

5. 바울: 끊임없는 기도로 사명을 감당한 복음의 전사

"내가 그의 아들의 복음 안에서 내 심령으로 섬기는 하나님이 나의 증인이 되

시거니와 항상 내 기도에 쉬지 않고 너희를 말하며"(로마서 1:9)

기도는 사명을 감당하는 원동력이다!
- 바울은 기도를 통해 하나님의 뜻을 구하고 복음 전파의 길을 열며 영적 싸움에서 승리한 인물이었다.
- 그는 감옥에서도, 광야에서도, 핍박 속에서도 기도를 멈추지 않았다.
- 바울은 기도를 통해 하나님의 능력을 덧입고 복음을 전하는 사명을 감당한 참된 기도의 용사였다.

❋ **미래의 나(Future Self) 질문**
기도의 거장들처럼 살아가는 '미래의 나'는 어떤 믿음의 유산을 남기고 있을까?

❋ **기도 기록(Prayer Journal)**
나의 기도 습관을 점검해 보자.
....
....

나는 어떤 기도의 거장처럼 기도하고 싶은가?
....
....

기도 응답을 경험한 적이 있는가? 그때의 상황을 떠올려 보자.
....
....

❋ **기도로 선포하라.**
주님,
성경 속 기도의 거장들처럼 저도 믿음의 기도자가 되길 원합니다.
기도의 능력을 경험하고 하나님의 뜻을 이루는 기도를 드리게 하소서.
하나님과 더 깊이 교제하며 기도를 통해 주님의 역사를 보게 하소서.
예수님의 이름으로 기도합니다. 아멘!

Day 39
평범한 사람들의 기도로 세상을 뒤집다

1. 기도의 사람이란 누구인가?

성경과 역사 속에서 기도하는 사람들이 세상을 바꾸었으며 하나님의 뜻을 이루는 도구가 되었다.

오늘날도 기도하는 한 사람이 있으면 가정이 변하고, 교회가 살아나며, 나라와 세상이 변화될 수 있다.

1. 메튜 헨리: 깊이 있는 기도의 삶을 산 주석가

"기도는 우리의 영혼이 하나님과 대화하는 수단이며, 신자의 가장 큰 특권이다."

- 메튜 헨리(Matthew Henry, 1662-1714)는 성경 주석가이자 경건한 신앙인이었으며, 그의 기도는 깊은 성경적 기초 위에 세워져 있었다.
- 그는 기도를 단순한 요청이 아니라 하나님과의 대화로 여겼으며 성경 말씀을 기도의 근거로 삼았다.

- 매튜 헨리의 기도는 찬양, 감사, 회개, 간구, 중보의 요소가 조화롭게 구성된 기도의 모범이다.

    * **성경에 기초한 기도:** 성경 구절을 활용하여 하나님의 뜻에 맞게 기도했다.
    * **찬양과 감사로 시작하는 기도:** 하나님의 성품과 은혜를 먼저 선포했다.
    * **겸손한 회개의 기도:** 죄를 고백하고 용서를 구하는 기도했다.
    * **중보와 간구의 기도:** 개인적인 필요뿐만 아니라 타인을 위해 기도했다.

2. 조나단 에드워즈: 부흥을 이끈 기도의 사람

- 기도는 부흥의 불씨이며 하나님이 일하시는 통로다!
- 조나단 에드워즈(Jonathan Edwards, 1703-1758)는 18세기 미국의 대각성운동(Great Awakening)을 이끈 청교도 신학자이자 설교자였다.
- 그는 단순한 신학자가 아니라 기도와 말씀을 통해 하나님의 능력을 경험하고, 회개의 부흥을 끌어낸 강력한 기도의 사람이었다.
- 그의 기도는 개인적 경건을 넘어 공동체와 나라의 영적 부흥을 간구하는 기도였다.

    * **철저한 회개의 기도:** 자신의 죄뿐만 아니라 공동체의 죄를 고백하며 회복을 구했다.
    * **부흥을 위한 간절한 기도:** 개인적 기도를 넘어서 나라와 교회의 영적 각성을 위해 부르짖었다.
    * **하나님의 영광을 구하는 기도:** 자신의 유익이 아니라 하나님의 뜻과 영광을 최우선으로 기도했다.
    * **지속적인 기도의 삶:** 특정한 위기의 순간만이 아니라 날마다 경건한 기도

의 삶을 유지했다.

3. 드와이트 L. 무디: 기도는 복음의 능력을 일으키는 불씨다!

- 드와이트 L. 무디(Dwight L. Moody, 1837-1899)는 19세기 미국과 영국에서 부흥을 일으킨 강력한 복음 전도자였다.
- 그는 말씀과 기도로 성령 충만한 부흥의 불길을 지폈으며 전 세계에 강력한 영적 각성을 불러일으켰다.
- 그는 "설교는 기도의 능력이 있어야 한다"라고 말하며 말씀을 전하기 전에 먼저 철저한 기도 준비를 강조했다.

* **기도와 성령 충만을 강조:** 하나님의 능력이 기도를 통해 나타난다.
* **복음 전파를 위한 기도:** 대중 전도를 위해 끊임없이 기도하며 준비했다.
* **간절한 중보기도:** 회심하지 않은 영혼의 구원을 위해 밤낮으로 기도했다.
* **기도하는 동역자를 세움:** 부흥 운동을 위해 많은 기도 동역자를 조직했다.

"오 하나님, 제 힘과 지혜로는 아무것도 할 수 없습니다.
성령의 능력으로 채우시고 복음을 듣는 모든 영혼이 주님을 만나게 하소서.
제 입술을 통해 하나님의 말씀을 선포하게 하시고
하나님의 나라가 이 땅 가운데 확장되게 하옵소서.
예수님의 이름으로 기도합니다. 아멘!"

4. 팀 켈러(Tim Keller)의 기도에 대한 이해

- 팀 켈러(Timothy Keller, 1950-2023)는 현대 기독교 변증가이자 목회자로, 기도에 관해 깊이 연구하고 실천한 인물이다.
- 그의 저서『기도: 하나님과의 친밀함을 경험하는 길』(*Prayer: Experiencing Awe and Intimacy with God*)에서 그는 성경적 기도와 실제적 기도 생활을 결합하는 방법을 설명하였다.

■ 팀 켈러가 강조한 기도의 본질

* 기도는 하나님과의 친밀함을 위한 대화다.
* 기도는 하나님의 말씀과 함께 이루어져야 한다.
* 기도는 우리의 생각과 감정을 쏟아내는 것만이 아니라 하나님의 말씀을 듣고 반응하는 과정이다.

✿ **미래의 나(Future Self) 질문**
평범한 나의 기도가 세상을 변화시킬 때 '미래의 나'는 어떤 놀라운 일에 동참하고 있을까?

✿ **기도 기록(Prayer Journal)**
내가 기도로 변화시키길 원하는 영역은?
....
....

기도를 통해 이루어지길 바라는 하나님의 계획은?
....
....

세상을 변화시키는 기도의 사람이 되기 위해 실천할 것은?
....
....

✿ **기도로 선포하라.**
주님,
저를 기도의 사람으로 세우셔서
나의 가정과 교회, 나라와 세상을 위해 중보하게 하소서.
기도로 변화된 역사 속의 인물들처럼
오늘도 하나님의 뜻을 이루는 기도의 용사가 되게 하소서.
예수님의 이름으로 기도합니다. 아멘!

Day 40
이제, 당신의 역전이 시작된다

1. "기도할 때 역전되리라!"

우리는 40일 동안 기도의 문을 열고, 하나님의 뜻을 구하며 믿음으로 나아가는 훈련을 해왔다.
이제, 기도의 선을 넘어 하나님의 역사하심을 기대하는 자리에 서 있다.

이 40일간의 기도 여정을 돌아보며, 우리가 경험한 변화와 앞으로 나아가야 할 방향을 점검해야 한다.
기도는 단순한 습관이 아니라 하나님과 더욱 깊이 동행하는 여정이다.

- 우리는 기도의 문을 열었으며 영적 전투에서 승리하는 법을 배웠다.
- 우리는 기도의 나침반을 따라 하나님의 뜻을 찾고, 믿음으로 기도의 다리를 건너 나아가고 있다.
- 그리고 이제 역전의 기도 선을 넘어 하나님의 놀라운 역사 속으로 들어서고 있다.

이제 우리의 선택은 하나다.

기도의 삶을 지속하며 하나님의 뜻을 따라 끝까지 걸어가는 것!

- 기도를 멈추지 말라.
- 하나님과 동행하는 삶을 계속하라.
"기도할 때, 반드시 하나님의 역사가 일어난다!"

2. 40일 기도를 통해 우리는 무엇을 배웠는가?

기도는 하나님과의 친밀한 교제이며 단순히 우리의 필요를 채우기 위한 것이 아니라 하나님과 더욱 깊은 관계를 맺는 시간이다.

기도를 통해 우리는 하나님의 뜻을 깨닫고 그분의 사랑 안에서 더욱 견고해진다.

그리고 기도는 변화의 시작이다.

기도를 통해 우리의 생각과 태도가 변화되며 가치관이 새롭게 정립되고 결국 우리의 삶도 변화하게 된다.

하나님과의 교제 속에서 우리는 점점 더 그분을 닮아가며 삶의 방향이 새롭게 정렬된다.

기도는 또한 영적 전쟁이다.

단순한 요청이 아니라 악한 세력과 맞서 싸우는 강력한 무기이며 기도를 통해 우리는 하나님의 승리를 선포한다.

영적 전쟁에서 승리하기 위해서는 지속적인 기도와 하나님을 향한 신뢰가 필요하다.

그러나 기도는 행동과 함께 가야 한다.

기도는 단순한 바람이 아니라 하나님이 주시는 감동을 따라 살아가는 삶과 연결되어야 한다.

기도 후에 주어진 감동과 인도하심에 순종하며 실천할 때, 기도의 열매가 맺어진다.

마지막으로 기도가 끝난 후에는 감사와 찬양을 올려야 한다.

응답받은 기도에 대해 하나님께 감사를 표현하는 것은 우리의 믿음을 더욱 깊게 하며 기도의 능력을 경험하게 한다.

오늘 나는 기도 후 감사와 찬양을 올렸는가?
하나님께서 응답하신 기도에 대해 감사를 표현했는가?
기도는 끝이 아니라 하나님의 역사를 경험하는 시작이다.

3. 기도의 삶을 지속하는 다섯 가지 실천 원칙

첫째, 기도 습관을 유지하라.

기도는 특별한 순간에만 하는 것이 아니라 매일 하나님과 교제하는 삶의 일부가 되어야 한다.
- 하루 중 기도할 시간을 정하고 규칙적인 기도 습관을 만들라.
- 아침, 점심, 저녁 등 정해진 시간에 기도하는 루틴을 만들면 기도가 자연스럽게 삶의 중심이 된다.
- 일정한 장소에서 기도하면 집중력을 높이고 깊이 있는 기도를 할 수 있다.

둘째, 하나님의 뜻을 구하며 기도하라.

기도는 내가 원하는 것을 요구하는 것이 아니라 하나님의 계획을 발견하는 과정이다.
- 기도할 때에 먼저 하나님께 '내 뜻이 아니라 주님의 뜻이 이루어지기를 원합니다'라고 고백하라.
- 성경을 읽으며 기도하면 하나님의 뜻을 더욱 분명하게 이해할 수 있다.
- 어떠한 결정 앞에 놓였을 때, 기도하며 하나님의 인도하심을 기다리는 습관을 들이라.

셋째, 기도의 능력을 믿고 담대하게 나아가라.
- 기도는 그저 막연한 희망이 아니라 하나님과의 대화이자 약속을 붙잡는 시간이다.
- 기도를 한 후에도 불안해하지 말고 하나님께 맡긴 일에 대해 믿음으로 기다려라.
- 기도 응답이 더디더라도 '하나님은 내게 가장 좋은 것을 주신다'는 확신을 가지고 기도를 지속하라.
- 기도할 때는 구체적으로 말하고 이미 응답받았다는 믿음으로 감사하며 기도하라.

넷째, 중보기도의 사명을 감당하라.
　기도는 나 자신만을 위한 것이 아니라 다른 사람을 위한 사랑의 실천이기도 하다.
- 가족, 친구, 교회 공동체, 나라와 세계를 위해 기도하는 시간을 별도로 지정하라.
- 주변에 기도가 필요한 사람이 있다면 "내가 널 위해 기도할게"라는 말을 넘어 실제로 기도하고 알려주라.
- 중보기도는 단순한 부탁이 아니라 하나님의 뜻을 이루는 중요한 사명임을

기억하라.

다섯째, 기도 응답을 기록하고 간증하라.
- 기도한 내용을 기록하면 하나님께서 어떻게 응답하시는지 더 명확하게 볼 수 있다.
- 기도 응답을 받은 후에는 감사 시간을 가지며 하나님이 행하신 일을 주변 사람들과 나누라.
- 작은 응답도 소중하게 여기고 이를 통해 믿음이 더욱 깊어질 수 있도록 간증을 생활화하라.
- 기도 응답 노트를 만들어 하나님이 하신 일을 지속적으로 기록하며 신앙의 여정을 돌아보라.

3. 새로운 시작: 기도의 삶을 지속적으로 살아가기

40일 동안 우리는 기도의 문을 열고 기도의 나침반을 따라 방향을 설정하며, 기도의 다리를 건너 영적 전투에서 승리하는 법을 배웠다.

하지만 이 과정은 끝이 아니다.

이제 우리는 일상 속에서 기도하는 삶을 지속하는 신앙인으로 살아가야 한다. 기도는 단기적인 프로젝트가 아니라 하나님과 동행하는 평생의 여정이다. 40일간 쌓아온 기도의 습관을 계속 유지하고 더욱 깊어지는 기도의 자리로 나아가야 한다.

- 이제 기도의 문을 열고, 하나님의 뜻을 따라 걸어가라.
- 기도의 다리를 건너 하나님이 예비하신 응답을 향해 나아가라.

● 기도의 전투에서 승리하며 믿음으로 기도의 선을 넘으라.

이제, 우리는 기도로 살아가는 사람이 되어야 한다.
　우리의 삶 속에서 기도의 능력이 계속해서 역사하고, 기도를 통해 하나님의 뜻이 이루어지는 놀라운 변화의 과정이 시작될 것이다.

기도할 때, 역전되리라!
이제 기도의 자리에서 하나님의 역사 속으로 나아가라!

❋ 미래의 나(Future Self) 질문

기도의 40일 여정을 마친 '미래의 나'는 이제부터 어떤 역전의 이야기를 시작하게 될까?"

이제, 당신의 역전이 시작된다.
미래의 나를 선포하다.

❋ 미래의 나(Future Self)를 선포하는 최종선언문

나는 40일의 기도 여정을 걸어온 사람이다.
나는 더 이상 과거에 머무는 사람이 아니라
기도로 미래를 여는 사람이다.
나는 하나님의 약속을 붙들고
세상을 변화시키는 사람이다.
오늘 나는 믿음으로 선언한다.
이제, 나의 역전이 시작된다.
이제, 하나님의 계획 속에서 미래의 내가 완성된다.
나는 끝까지 기도로 걸어가는 사람이다.
예수님의 이름으로 선포한다. 아멘!

| 미래를 바꾸는 40일 기도 챌린지 |

『기도할 때 역전되리라』
저자 최원호 박사 초청
1-Day 특별 기도 세미나

"기도가 막힌 그 자리에,
하나님은 역전의 문을 여십니다!"

기도의 원리, 응답의 실제, 변화의 시작을 만나는 시간!
'읽는 기도'에서 '하는 기도'로. 흉내 내는 기도를 넘어서,
스스로 기도의 구조를 세우는 법을 배우십시오.

1-Day 세미나 핵심 주제

* 기도의 제단을 다시 쌓으라.
  무너진 기도의 자리, 어떻게 다시 세울 것인가?
  하나님과의 관계 회복이 시작이다.

* 상처와 중독, 무너진 삶을 회복하는 기도
  내면의 정죄감과 중독을 끊는 회개의 기도
  가정과 정체성 회복을 위한 중보기도의 실제

* 미래를 여는 퓨처 셀프(Future Self) 기도
  기도는 곧 미래를 설계하는 영적 훈련
  '내가 될 사람'을 기도로 선포하고 준비하라.

* 기도의 응답을 선포하라.
  믿음의 선포, 응답을 향한 실천의 시작

대상

* 기도를 부담스러워하는 초신자
* 기도해야 함을 알지만 방법을 몰랐던 성도
* 기도 생활이 메마른 집사, 권사, 장로
* 자녀, 배우자, 일터를 위해 기도하고 싶은 사람
* 늘 "누군가의 기도문"에만 의존하던 사람

탈무드식 기도 교육법 적용

* 기도는 배워야 합니다.
* 설교가 아닌 훈련, 이론이 아닌 실습
* 고기를 받아먹던 자리에서, 고기를 잡는 사람으로
* "기도는 따라 읽는 것이 아니라 터를 여는 것이다."
* "이제는 내 언어로, 내 자리에서
  기도의 제단을 세워야 할 때입니다."

❖ **강사: 최원호 박사**(『기도할 때 역전되리라』 저자, Ph.D)
❖ **기도 세미나 초청 문의 및 신청:**
   edu10004@naver.com / 010-8955-4967